Trainingslehre für Dressurpferde

Konstanze Krüger - Knut Krüger

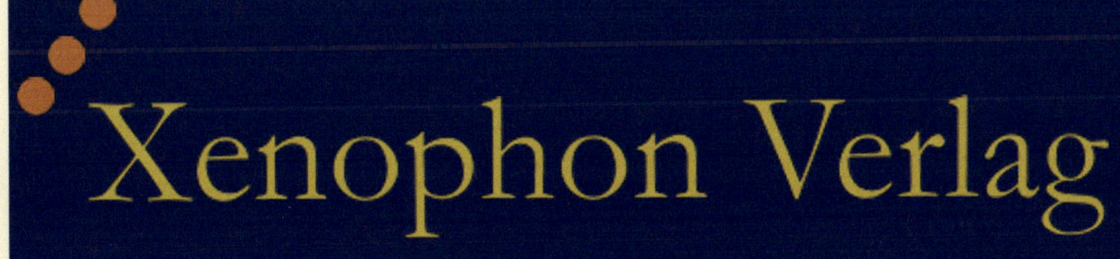

Gestaltung und Satz: Xenophon-Verlag
Bilder, Grafiken und Zeichnungen siehe Seite 112
Druck BOD, Norderstedt

ISBN 978-3-9808134-1-9

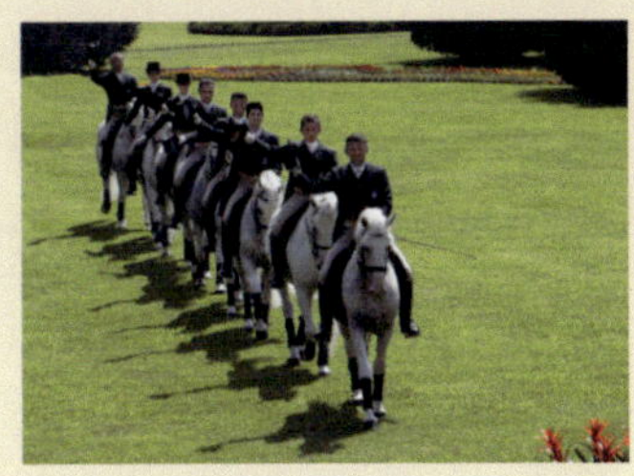

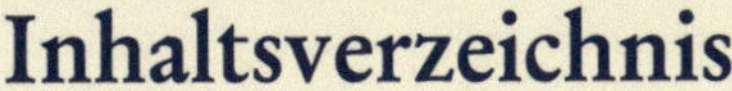

Inhaltsverzeichnis

„Dieses Buch wird auch in Österreich als Lehrunterlage in der staatlichen Ausbildung zum Fahrlehrer verwendet und als Literatur für Fahrer und Reiter empfohlen“

Heinz Schmid, Lehrbeauftragter der Sportakademie in Wien und Bundesfachverband-Referent für Ausbildung / Fahren.

1. Einleitung

„Das Training: Es hat die Aufgabe, ein Pferd für eine Prüfung so vorzubereiten, dass es sich zu ihrem Beginn in bestmöglicher Verfassung befindet und die Prüfung bei voller Leistungsentfaltung ohne Schädigung des Vertrauens, der Gesundheit und der Nerven bestehen kann."

„Abschließend sei festgestellt, dass eine der Hauptaufgaben jedes Trainings die Herstellung eines Vertrauensverhältnisses zwischen Reiter und Pferd sein soll. Nur so wird eine einsatzfreudige Wettkampfgemeinschaft entstehen, die mit der Vielfalt der Situationen, die jede Vielseitigkeitsprüfung in sich schließt, mit Anstand fertig wird."

Beide Zitate sind den Richtlinien für Reiten und Fahren Band II Kapitel III „Richtlinien für die Vielseitigkeitsausbildung" (2001) entnommen. In der gesamten Reit-Literatur betreffen Hinweise zur Trainingslehre ausschließlich die Ausdauersportarten Vielseitigkeit, Distanzreiten und in seltenen Fällen das Springreiten und den Rennsport.
Nirgends finden sich Ausführungen über die gezielte Anwendung der Trainingslehre für das Dressurpferd. Dabei sollten obige Zitate im gleichen Maße für den Dressursport gelten. Es sei jedoch an dieser Stelle darauf hingewiesen, dass die Basis einer jeden Pferdeausbildung der Dressur bedarf. In dieser Hinsicht, wie auch in vielem Anderen, sind wir völlig einer Meinung mit Philippe Karl (2006), welcher ex-

plizit darauf hinweist, dass jeder Reiter, gleichgültig welchem Reitstil oder welcher Reitsportart er angehört, bewusst oder unbewusst sein Pferd dressurmäßig ausbildet. Denn das erklärte Ziel der Dressur ist das Training der Balance, Beweglichkeit, Geschicklichkeit, Reaktionsschnelligkeit sowie der Kraft und Ausdauer des Pferdes unter dem Reiter.

Essenziell wichtig für das Verständnis eines sinnvollen Trainings sind Kenntnisse über die Wirkung von Trainingsreizen auf die Muskelfunktion und das Herz-Kreislauf-System. Deshalb soll nachfolgend der aktuelle Wissensstand der Trainingslehre, der theoretische Hintergrund der Anatomie, der Physiologie und des Rehabilitationstrainings im menschlichen Hochleistungssport erörtert werden. Diesen theoretischen Hintergrund werden wir in Bezug auf dessen Bedeutung für das Training der Dressurpferde genauer erläutern und schließlich gezielte Anleitungen und Tipps zur Umsetzung desselben im täglichen Training der Dressurpferde gegeben.

Da auch eine hervorragende Trainingslehre sinnlos ist, wenn sie nicht harmonisch in das Gesamtkonzept des Trainings eingebaut werden kann, ist es uns sehr wichtig immer wieder abwechslungsreiche, alternative Trainingsmittel zum Grundlagentraining der Bewegungsabläufe in der Dressur aufzuzeigen. Ein Dressurpferd muss nicht sieben Tage die Woche in einer geschlossenen Reithalle dressurmäßig gearbeitet werden. Vielmehr benötigt die im obigen Zitat geforderte Bildung einer „einsatzfreudigen Wettkampfgemeinschaft“ zwischen Reiter und Pferd ein umfassendes, abwechslungsreiches und flexibles Trainingsprogramm. Ein vielfältiges Training auf dem Dressurplatz, über kleine Sprünge, auf der Rennbahn und im Gelände erhält einen nervenstarken, gesunden und zufriedenen Partner Pferd. Selbst die „Freizeit“ des Dressurpferdes auf der Weide und im Gelände lässt sich für die geistige Erholung und für den schonenden Aufbau der Körperkraft nutzen. Ganz bewusst geben wir in diesem Buch Tipps wie man sein Dressurpferd vielseitig, gewinnbringend aber schonend für Geist und Körper in allen zur Verfügung stehenden Trainingsumfeldern zur Hochleistung trainieren kann.

Im letzten Kapitel werden einige Dressurlektionen gesondert in Bezug auf die Trainingslehre dargestellt. Es werden keine exakten Erklärungen zur Hilfengebung und den Bewegungsabläufen gegeben. Über dieses Thema wurde in vielen hervorragenden Reitlehren zur Genüge geschrieben. Wir wollen uns in diesem Buch auf die speziellen Trainingsaspekte der Dressurlektionen konzentrieren.

Natürlich sind die diskutierten Trainingsmöglichkeiten bei weitem nicht vollständig. Sie stammen aus der klassischen Reitausbildung, den eigenen Erfahrungen und dem Vergleich mit dem menschlichen Hochleistungstraining. Sicherlich haben etliche Trainer gute Erfolge mit anderen, sinnvollen Methoden erzielt. Eine Diskussion unterschiedlicher Trainingsmethoden im Reitsport wäre für die Zukunft sehr gewinnbringend.

Weiterführende Literatur:

Richtlinien für Reiten und Fahren 2008. Band 1, Grundausbildung für Reiter und Pferd.
FN-Verlag, Warendorf

Richtlinien für Reiten und Fahren 2001. Band 2, Ausbildung für Fortgeschrittene.
FN-Verlag, Warendorf

Karl P. 2007. Irrwege der modernen Dressur.
Cadmos Verlag, Brunsbek

2. Kleiner Exkurs in die Geschichte der Trainingslehre

Interessanterweise ist die Trainingslehre eine sehr junge Wissenschaft. Dies ist wirklich erstaunlich, bedenkt man wie abhängig Menschen und Pferdeauch schon in den vergangenen Jahrhunderten von ihrer Körperleistung waren. Allgemein wurde Stärke, Ausdauer, Schnelligkeit und Gesundheit als Geschenk Gottes angesehen. Entweder man hatte sie, oder auch nicht. Einzelne Berichte zur Kraftsteigerung durch gezielte Trainingsprogramme reichen allerdings schon bis in die Antike zurück. So berichtet z. B. eine kleine Anekdote über die unglaubliche Körperkraft des Milon aus Kroton (Umminger, 1962):

> Milon war und ist in der Tat einer der erfolgreichsten Olympioniken aller Zeiten. Dreißig Jahre stand er unbesiegt an der Spitze des Olympischen Ringkampfes. Als Kind soll er jedoch recht schwächlich gewesen sein, und wurde ständig von den Nachbarskindern gehänselt. Eines Tages beschloss er, dass dies ein Ende haben muss. Er nahm sich ein Kalb aus dem Stall seines Vaters und trug es mehrmals um das Haus. Anfänglich bereitete es ihm noch Schwierigkeiten. Doch schon bald ging ihm die Übung recht leicht von der Hand. Doch mit der Größe des Kalbes wuchs auch seine Kraft, so dass er schließlich ein ausgewachsenes Rind tragen konnte. Überall wurde die Kraft des Milon bewundert. Doch kam scheinbar niemand auf die Idee ihm nachzueifern, geschweige denn, aus dieser gezielten Steigerung der Körperkraft eine Lehre zu ziehen.

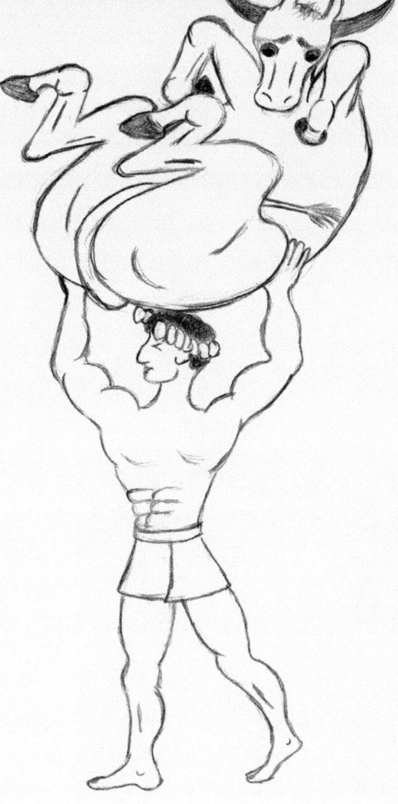

Das Wort Training jedoch wurde schon recht früh, vor allem im Zusammenhang mit dem Pferdesport, in England gebraucht. Bis in unser Jahrhundert hinein wurde die Leistungsfähigkeit des Körpers allerdings als etwas ererbtes, selbst Geheimnisvolles betrachtet, mit dem man schonend und sparsam umzugehen hatte. Allgemein galt die Überzeugung, dass größere Belastung mit Überlastung und Verschleiß quittiert werde.

Jedoch stellte mit seiner „ Philosophie zoologique“ Lamarck 1809 erstmals die Theorie von der Anpassung der Organentfaltung an den Grad der Benutzung in den Raum, wobei er nicht nur die inneren Organe wie Herz, Lunge, Leber etc., sondern auch den gesamten Bewegungsapparat ansprach. Seiner Meinung nach wachsen und verstärken sich die Organe mit zunehmender Belastung und bauen sich bei Nichtbenutzung, sogar bis zum völligen Verschwinden, wieder ab.

Auch Steinbrecht (*1808, †1885) war ein Kind dieser Zeit, und lässt sich in seinem von Plinzner herausgegebenen Werk „Gymnasium des Pferdes“ in mehreren Textstellen über sinnvolle Stärkung und Gymnastizierung der Dressurpferde aus. Eindringlich weist er darauf hin, dass dem Berufsreiter nur selten überdurchschnittlich begabte Dressurpferde zur Verfügung stehen. Vielmehr sollte dieser danach streben aus durchschnittlichen Pferden durch gezielte Gymnastizierung gute Gebrauchspferde zu trainieren.

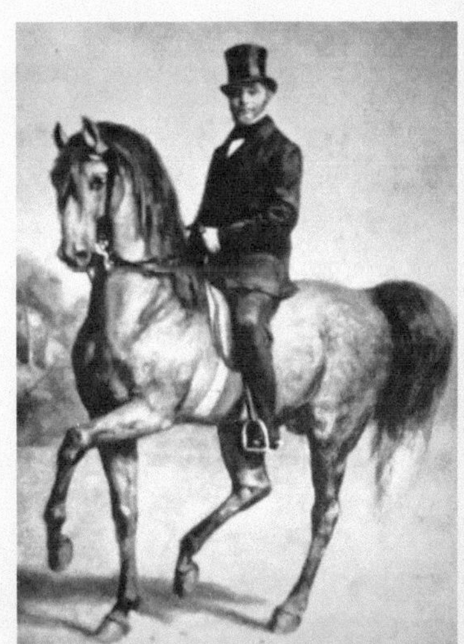

Mit diesen Forderungen war Steinbrecht seiner Zeit weit voraus. Leider verschwand solches, damals recht fortschrittliches Gedankengut, erst einmal für etwa 150 Jahre aus den Köpfen der Menschen nachdem Darwin mit seiner Grundthese des „Survival of the Fittest“ Mitte des 19. Jahrhunderts das naturwissenschaftliche Denken Europas revolutionierte. Diese einerseits so wichtigen Erkenntnisse Darwins führten leider in der Entwicklung der Trainingslehre zu einer Stagnation. All zu strikt ausgelegte darwinistische Grundsätze von der Vererbung körperlicher Merkmale und körperlicher Leistung protegierten, in Bezug auf den Sport, das fatalistische Gedankengut vorangegangener Jahrhunderte.

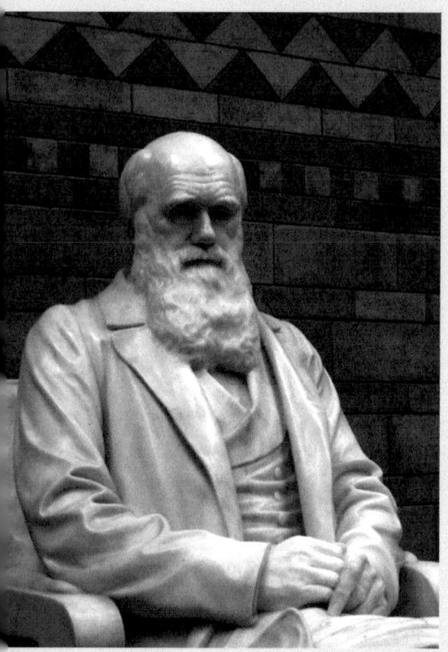

Erst zu Beginn des zwanzigsten Jahrhunderts wurde die Theorie Lamarcks wieder aufgegriffen. 1914 berief sich der Tübinger Universitäts-Turnlehrer Sturm im Athletikjahrbuch unter anderem auf das Lamarcksche Statement „die Funktion schafft das Organ“. Im selben Jahr veröffentlichte der Physiologe Du Bois-Reymond einen Text, in dem er das Prinzip der Leistungsverbesserung durch Training klar umreißt, jedoch fehlt noch jeglicher Hinweis auf eine Methode für die Praxis. Doch schon 1930 schreibt Pikhala in dem von Krümmel herausgegebenen Jahrbuch Athletik, ausführlich über entsprechende Trainingsprinzipien. Das alte „Verbrauchs- oder Abnutzungsmodell“ wird endlich durch ein neues „Aufbau- oder Optimierungsmodell“ der körperlichen Leistungsfähigkeit ersetzt.

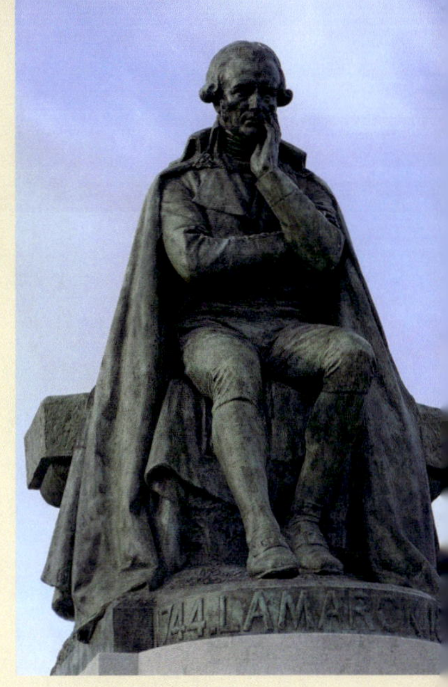

Wenig später prägt der Physiologe Cannon (1932) das Prinzip der Homöostase. Nach diesem Prinzip ist der Körper bestrebt zwischen seiner Leistungsfähigkeit und den Anforderungen der Umwelt ein flexibles Gleichgewicht aufzubauen. Wird dieses Gleichgewicht gestört befindet sich der Körper übergangsweise in der Heterostase, und versucht über eine positive Rückkopplung ein neues Gleichgewicht aufzubauen.
Daraus lässt sich für die Trainingslehre ableiten, dass z. B. höhere Spannung der Muskulatur einen Zuwachs derselben verursacht, und eine häufige Sauerstoffschuld zu einer Vergrößerung der anaeroben Kapazität führt. Im Umkehrschluss reduziert sich die Muskulatur bei fehlender Spannung, und fehlende Ausdauerreize lassen das Herz-Kreislauf-System verkümmern. Somit war der Grundstein für die Wissenschaft der Trainingslehre gelegt. Trainingsmodelle und Trainingserfahrungen wurden speziell für einzelne Sportarten von unzähligen Autoren veröffentlicht.

Bald wurden die neuen Erkenntnisse der Trainingslehre in den Ausdauersportarten Military und Distanzreiten angewandt. Klimke (1967) gibt in seinem Buch „Military“ eigene Erfahrungen mit der „neuen“ Trainingslehre weiter. 1980 stellt Karstens unterschiedliche Formen des Konditionstrainings in der Vielseitigkeit vor. Gedanken eines Autorenkollektives zur Trainings- und Wettkampflehre werden 1982 von Oese herausgegeben. Die praktischen Parallelen der theoretischen Grundlagen erstrecken sich allerdings hauptsächlich auf den

Vielseitigkeits- und Springsport. Im Kapitel Dressurtraining erschöpfen sich ihre Aussagen in detaillierten Beschreibungen der Dressurlektionen. Doch fehlen gezielte Hinweise sowohl zum generellen Training der Fitness des Dressurpferdes, als auch in Bezug auf dessen spezielle Anforderungen.

Integriert in das Training des Vielseitigkeitspferdes geht Leng (1990) auch auf die Ausbildung in der Dressur ein. Obwohl Vielseitigkeitsreiter die Dressur nicht zum Selbstzweck, sondern primär wegen seiner gymnastizierenden und Rittigkeit steigernden Wirkung verfolgen, finden sich hier viele nützliche Tipps zur Beeinflussung der Grundgangarten und der Ausführung der Dressurlektionen. Selbstverständlich lässt sie sich jedoch nicht über ein planmäßiges, gezieltes Training in der Dressur aus, da die hiermit verbundene Umfangsvergrößerung der (Kraft) Muskulatur für die aerobe Ausdauer des Vielseitigkeitspferdes hinderlich wäre.

Wohl eine der umfassendsten Veröffentlichungen über die Anwendung der Trainingslehre im Reitsport hat Springorum 1986 mit seinem „Hinweis zum Konditionstraining der Military-Pferde" veröffentlicht. Es handelt sich hier jedoch um reine Fachliteratur für Vielseitigkeitsreiter. Die dargelegten Grundlagen sind jedoch ähnlich auf das Dressurpferd zu übertragen. Ein breites Spektrum an Trainingstipps für alle Sparten des Reitsports wurden hinlänglich von Christine Heipertz-Hengst (1999), Kerstin Diacont / Andrea Löffler und Renate Ettl (2007, 2008) veröffentlicht.

Wichtige Punkte im Überblick:

- Die Trainingslehre ist eine junge Wissenschaft.
- Lamarck legte die Grundlagen für die Trainingslehre mit seinen Theorien von der belastungsbedingten Entwicklung der Organe.
- Zahlreiche Trainingslehren sind für die Ausdauersportarten erschienen und lassen sich nur bedingt auf den Dressursport übertragen, da für den Dressursport gezielteres Krafttraining verlangt wird, als für alle anderen Sparten des Reitsports.
- Besonders das Intervalltraining des Humansports lässt sich gut auf die Reitlehre übertragen.

Weiterführende Literatur:

Darwin C. 1842. The foundation of the origin of species. Camebridge University Press, London.

Ettl R. 2007. Pferde gut in Form - Richtiges Training für Fitness und Gesundheit. Müller-Rüschlikon, Stuttgart

Ettl R. 2008. Horse-Agility - Spielerisch und anspruchsvoll trainieren. Müller Rüschlikon Müller-Rüschlikon, Stuttgart

Lamarck J-B. 1909. Zoologische Philosophie. Mit Einleitung und Anhang: Das phylogenetische System der Tiere nach Haeckel. Kröner, Leipzig.

Springorum B. 1986. Hinweise zum Konditionstraining der Military-Pferde. FN-Verlag, Warendorf.

Steinbrecht G. 1884. Das Gymnasium des Pferdes. Reprint 1975 Dr. Rudolf Georgi, Aachen

3. Die physiologisch, dynamische Körperhaltung

Von großer Bedeutung für den Trainingserfolg und die Gesunderhaltung von Mensch und Pferd ist neben den reinen Trainingskonzepten auch die Körperhaltung bei sportlicher Belastung und im Alltag. Besonders Krankengymnasten und Physiotherapeuten machen sich diesbezüglich seit Jahrzehnten Gedanken. Viele Krankengymnasten bauen seit den 80er Jahren (z. B.: List 2004, Opitz 2005) ihre Behandlungskonzepte auf den Theorien des Neurologen Dr. A. Brügger (1980) auf. Brügger machte sich Gedanken, warum in vielen Fällen Schmerzsymptomatiken, verursacht von unterschiedlichen Wirbelsäulenerkrankungen, nicht operativ behoben werden konnten. Er kam zu dem Schluss, dass viele Erkrankungen des Bewegungsapparates nicht auf lokale Erkrankungen desselben, sondern eher auf Schutzmechanismen des Gehirns zurückzuführen sind. Bei fehlerhafter Beanspruchung des Bewegungsapparates startet das Gehirn Schutzmechanismen, die sich in speziellen Schmerzsymptomatiken äußern. Normalerweise reagiert der Körper durch Schonung und durch Intensivierung seiner Reparaturpozentiale. Doch bei chronischen Fehlbelastungen werden die Reparaturmechanismen empfindlich gestört. Es kommt zunächst zu Funktionsstörungen und später sogar zu Strukturveränderungen, das heißt zur Degeneration von Muskeln, Sehnen, Bändern, Gelenken und sogar Knochen. Nach Brüggers Meinung besteht die einzige Möglichkeit diese Ket-

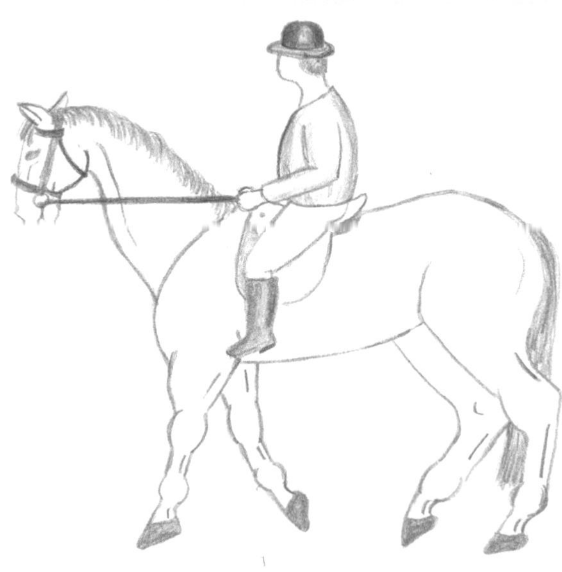

Pferd in Schonhaltung

te zu unterbrechen oder zu verhindern darin, den Bewegungsapparat optimal einzusetzen. Nur bei Einnahme einer physiologischen (normalen), dynamischen Körperhaltung und ausgewogener Bewegung ohne Überbelastung oder Fehlbelastung einzelner Strukturen des Bewegungsapparates, ist dies der Fall. Der Grad der Belastungsfähigkeit einzelner Strukturen hängt hierbei von ihrem Trainingszustand ab.

Die Theorie Brüggers könnte auch im Dressursport helfen, Probleme des Bewegungsapparates zu vermeiden. Wie sieht jedoch die physiologische, dynamische Körperhaltung des Pferdes aus?
Einen Großteil des Tages bewegt sich das Pferd im Schritt. Seine Körperhaltung entspricht hierbei etwa der, die es im Schritt am hingegebenen Zügel unter dem Reiter einnimmt.
Mehr als 60% seines Gewichtes wird dabei von der Vorhand abgestützt. Schubkraft aus der Hinterhand wird nur wenig benötigt. In höheren Gangarten gewinnt die Hinterhand an Bedeutung, denn die dynamische Komponente des Bewegungspotenzials geht hauptsächlich von der Hinterhand aus. Auch in der Bewegung ohne Reiter verschiebt das Pferd im Trab, und stärker noch im Galopp sein Körpergewicht in Richtung auf die Hinterhand. Dabei wölbt es den Rücken und den Hals auf. Hals und Kopf werden nicht mehr vorwärts-abwärts fallen gelassen, sondern aufrecht getragen. Je stärker die Auf-

Lastaufnahme auf die Hinterhand als natürliche Bewegung

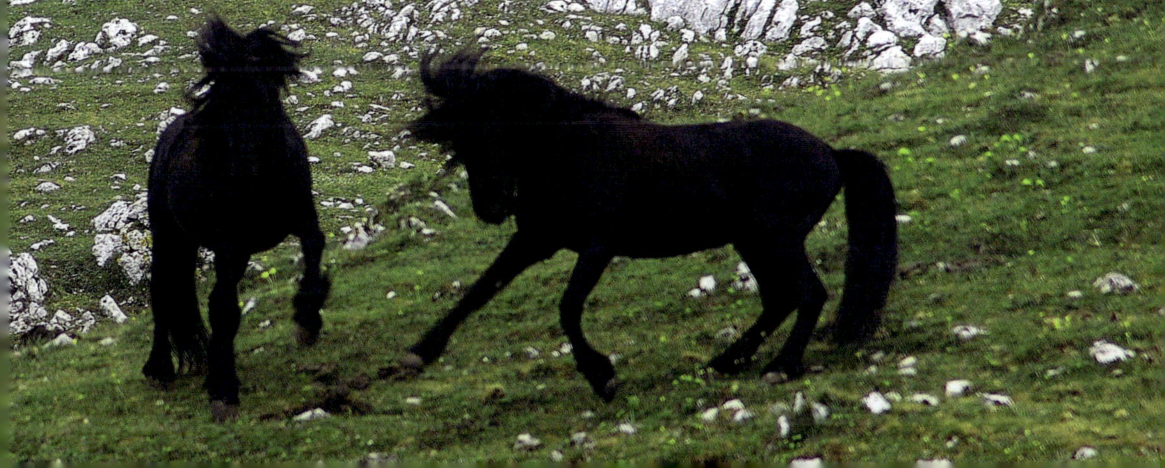

richtung desto mehr nähert sich die Stirn-Nasenlinie des Kopfes einer imaginären, senkrechten Linie. Meist bleibt die Nase allerdings einige Zentimeter vor dieser senkrechten Linie. Die Verlagerung des Körperschwerpunktes auf die Hinterhand und somit die Aufrichtung nehmen beim Spiel und beim Imponiergehabe zu. Es erhöht die Kraft und Wendigkeit des Pferdes.
Bedenkt man nun, dass sich der Reiter mit dem Sattel, näher zur Vorhand als zur Hinterhand auf dem Pferderücken befindet, so verschiebt allein schon ein passiver Reiter das Körpergleichgewicht des Pferdes auf dessen Vorhand. Er nötigt das Pferd also zu einer unnatürlichen Belastung der Vorhand. Sollte das Pferd nun auch noch seinen Rücken nach unten wegdrücken, so verschlechtert sich die Bilanz der Gewichtsverteilung drastisch zuungunsten der Vorhand. Denn bei durchhängendem Rücken sind das Nacken-Rückenband und somit auch der ganze Trageapparat des Pferdes nicht mehr gespannt. Das Gewicht des Reiters kann nicht mehr auf den ganzen Trageapparat verteilt werden und belastet hauptsächlich die Vorhand.

Hieraus resultiert der ungleich gebundenere und ausdruckslosere Gang des Pferdes unter dem Sattel im Vergleich zu seinem Bewegungsrepertoire in der freien Natur, und genau hier greift die dressurmäßige Ausbildung eines jeden Reitpferdes an. Durch die Dressur lernt das Pferd, dieses Ungleichgewicht auszubalancieren und die natürliche Elastizität und Dynamik seines Bewegungsapparates wieder aufzubauen. Es ist erstaunlich, wie sich die Grundgangarten Stück für Stück wieder verbessern, wenn das Pferd die Ausbildungsstufe der Losgelassenheit, der Anlehnung, des Schwungs und der Geraderichtung erklimmt und schließlich in die Stufe der Versammlung aufsteigt. Schon Steinbrecht (1884) schreibt, dass die vollkommene Losgelassenheit erst in den versammelten Seitengängen erreicht werden kann. Auch die Versammlung auf die Hinterhand, etwa beim

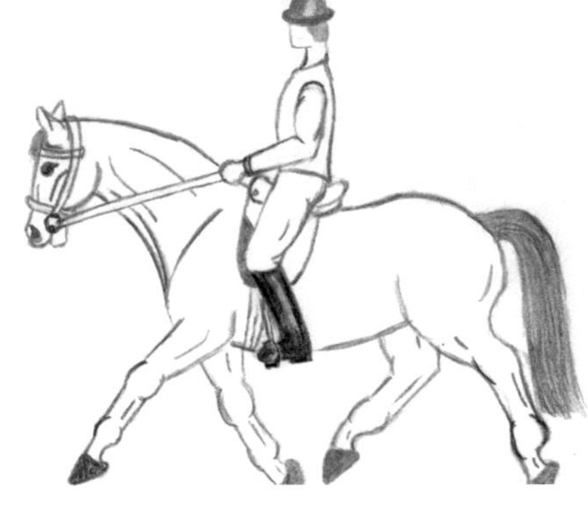
Losgelassen an den Hilfen

Piaffieren, bei Traversalen und anderen versammelnden Lektionen ermöglicht dem Pferd sich sichtbar losgelassen und dynamisch zu bewegen.

In Bezug auf die Gedanken Brüggers scheint es unsinnig zu sein ein Pferd zur Arbeit in extreme Körperhaltungen zu zwingen, geschweige denn in solchen Haltungen Hochleistung zu fordern. Kurzfristiges Dehnen des Halses oder der Gliedmaßen mag für das Pferd sicher angenehm sein und bei der Lösung verspannter Muskelgruppen helfen. Zwingt man das Pferd jedoch über längere Zeit in eine unphysiologische Körperhaltung, so wird dieses zwangsweise eine Schonhaltung einnehmen.

Pferde deren Kopf z. B. permanent auf die Brust gezogen wird, weichen mit der Hinterhand nach oben aus. Verspannungen im Rücken, und in der oberen Halsregion, stellen sich schnell ein. Schließlich kommt es schon nach wenigen Wochen zu deutlich sichtbarem Abbau der Rücken- und der Halsmuskulatur und die Rückbildungen von Muskeln, Sehnen, Bändern etc. sind meist nur der Vorbote von permanenten Schäden des Bewegungsapparates. Abgesehen von den Schmerzen, die solche Pferde ertragen müssen, erreicht der Reiter genau das Gegenteil von dem, was eine sinnvolle Ausbildung des Pferdes bewirken soll. Das Pferd ist immer weniger in der Lage seinen Reiter locker und ausbalanciert zu tragen.

Gute Versammlung

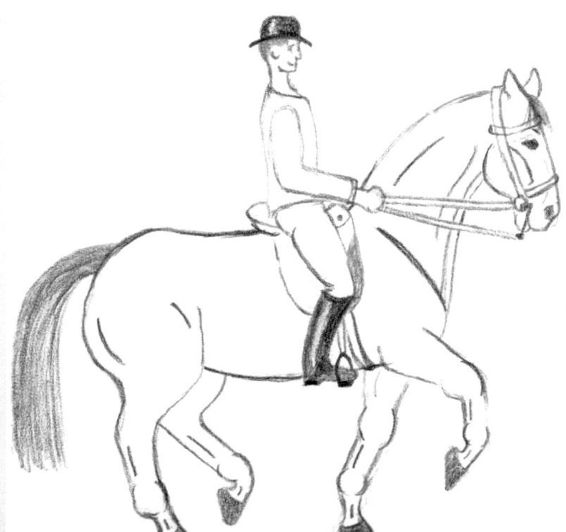

Ähnlich verhält es sich bei ständigem Reiten mit Stellung (nicht zu verwechseln mit dem alten Ausdruck „Reiten in Stellung"). Der zur Seite gezogene Kopf stört das Gleichgewicht des Pferdes empfindlich. Sozusagen als Gegengewicht wird die Hinterhand in die entgegengesetzte Richtung zum Kopf geschoben. Kein Wunder, dass auch hier bald die oben beschriebenen Folgen einsetzen.

Aus dem Anspruch Brüggers nach ausgewogener Bewegung ohne Fehl- und Überbelastung folgt auch die Forderung einer langjährigen Grundausbildung, in kleinen, dem Pferd individuell angepassten Schritten und nach der Erarbeitung eines individuellen Trainingsplanes. Das junge Pferd kann sich noch nicht versammeln. Es ist erst einmal damit beschäftigt, mit dem Reiter ein neues Gleichgewicht zu finden. In dieser Phase können Sie Ihrem Pferd am besten helfen, indem Sie ihm den „Weg in die Tiefe" zeigen. Schnell wird es feststellen, dass es mit vorwärts, abwärts getragenem Kopf und damit verbundenem lockeren, aufgewölbten Rücken den Reiter viel angenehmer tragen kann. Gleichgültig, ob nun ein junges Pferd von „heute auf morgen" stundenlang einen Reiter mit sich herumträgt oder ob ein älteres Pferd, dessen Grundausbildung noch nicht abgeschlossen ist, plötzlich aufgefordert wird, sich über längere Zeit zu versammeln. In beiden Fällen werden die Muskeln, Sehnen und vor allem die Gelenke hoffnungslos überlastet. Als Ergebnis tritt meist die von Brügger geschilderte Kette ein, an deren Ende langfristige Schäden für das Pferd zu erwarten sind.

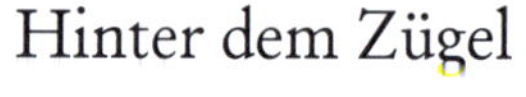

Hinter dem Zügel

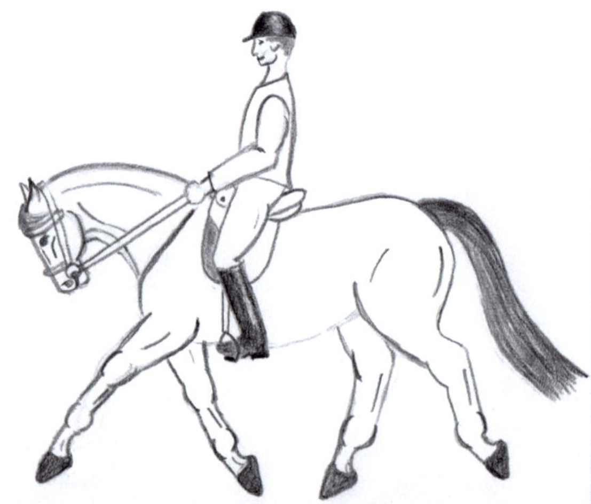

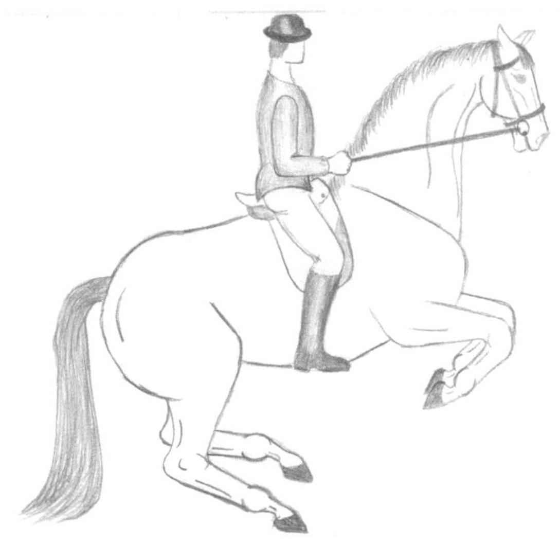

Levade - komplette Lastaufnahme der Hinterhand

Die reelle Grundausbildung und anschließende Versammlung auf die Hinterhand ist gerade im Sinne von Brüggers geforderter physiologisch, dynamischer Körperhaltung absolut nötig, um dem Pferd zu ermöglichen, seinen Reiter zu tragen, ohne die Vorhand zu überlasten. Reiten in schnellen Gangarten ohne entsprechendes Training und Reiten von Dressurlektionen auf der Vorhand, sind wohl der beste Garant für Folgeschäden. Da uns das Pferd jedoch leider nicht mitteilen kann, wann es sich an seiner Leistungsgrenze befindet, ist, hier das ganze Geschick und Gefühl von Reiter und Trainer gefragt. Grundsätzlich gilt wie immer „lieber etwas zu wenig als zu viel“. Hat man an einem Tag etwas zu wenig gefordert, so kann man am nächsten Tag mehr fordern. Überfordert man jedoch sein Pferd, so folgt meist ein mehrtägiger Leistungseinbruch.

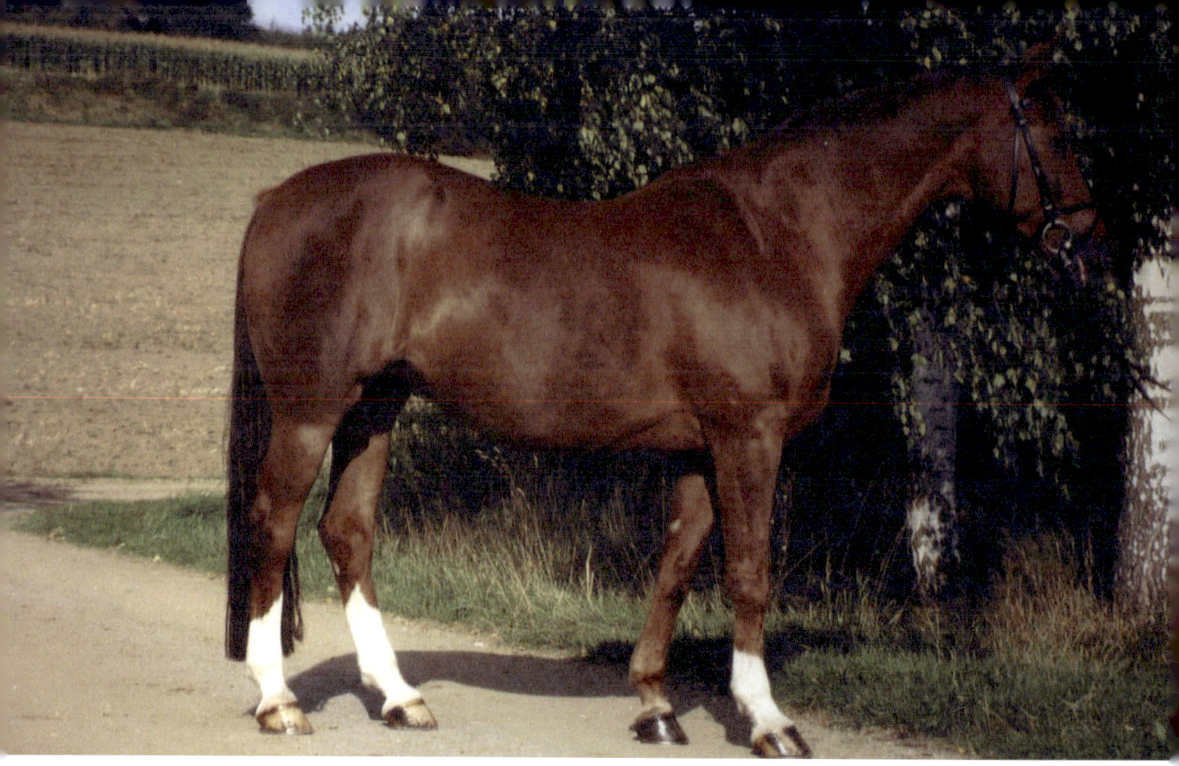

Pferd mit wenig Grundkondition.
Die Fettpolster am Körper täuschen über eine geringe Bemuskelung hinweg.

Pferd mit guter Grundkondition

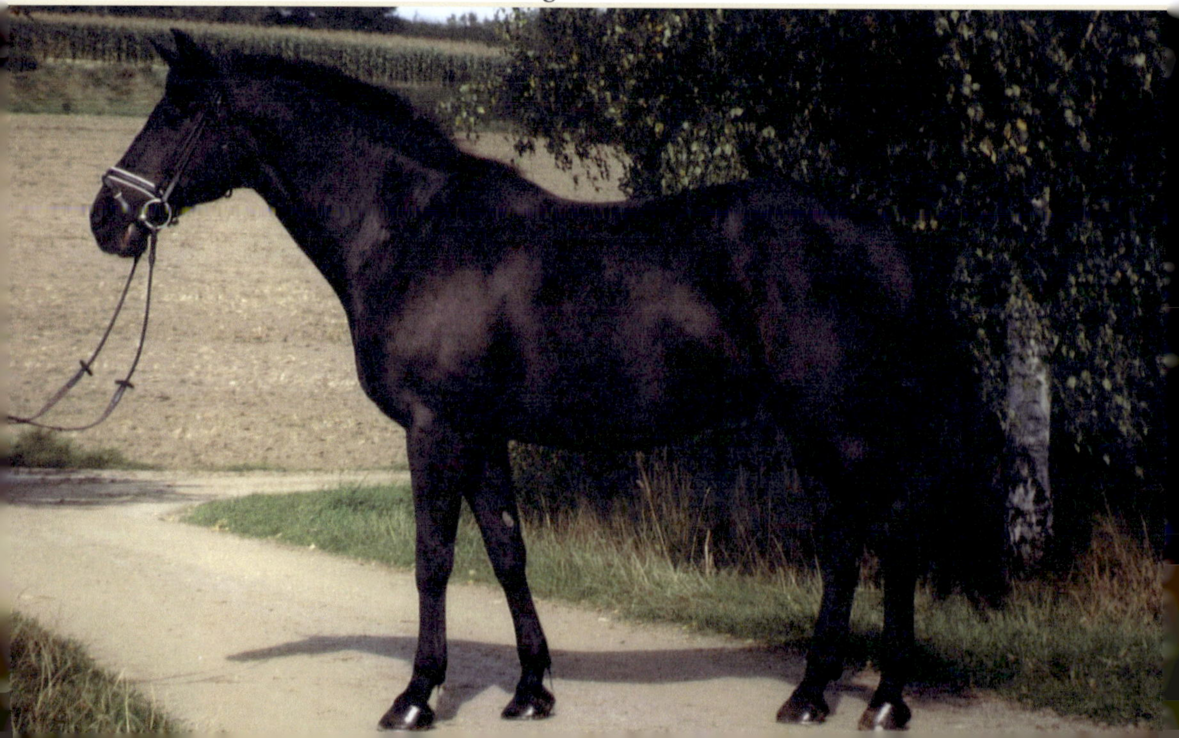

Wichtige Punkte im Überblick:

- Eine physiologisch, dynamische Körperhaltung ist nicht nur für Dressurpferde wichtig. Jedes Pferd sollte dahin gehend geschult sein sich mit seinem Reiter besser ausbalancieren zu können, sprich sich in Selbsthaltung zu bewegen und das Gewicht in Richtung Hinterhand zu verschieben.

- Die physiologisch, dynamische Körperhaltung kann nicht erzwungen werden. Sie entwickelt sich durch langjährige Gymnastizierung und Schulung des Pferdes.

- Übersprungene Ausbildungsschritte resultieren in Überlastung von untrainierten Muskeln, Sehnen, Bändern und Gelenken.
- Mit dem Zügel erzwungene „Aufrichtung“ ist eine Fehlhaltung, da der Körperschwerpunkt nicht Richtung Hinterhand verschoben wird, und führt wegen der damit verbundenen, mangelhaften Rückenspannung auf Dauer zur Schädigung des Bewegungsapparates.

- Über die tiefe Dehnungshaltung kommen Sie Schritt für Schritt zur Selbsthaltung des Pferdes in immer länger andauernder Aufrichtung.

Tipps:

- Solange sich das junge Pferd noch nicht versammeln kann, reiten Sie viel auf großen Linien und vermeiden enge Wendungen. Die Vorhand wird sonst übermäßig belastet.
- Reiten Sie Ihr junges Pferd in die Tiefe und zeigen ihm, dass es den Reiter mit locker, aufgewölbtem Rücken viel angenehmer tragen kann.
- Trainieren Sie Übergänge zwischen den Gangarten so weit, dass sie in Dehnungshaltung ausgeführt werden können.
- Nehmen Sie Ermüdungszeichen Ihres Pferdes in allen Ausbildungsstufen ernst. Fordern Sie noch einmal kurz die geübte Lektion und beenden Sie die Trainingseinheit.

Weiterführende Literatur:

Brügger A. 1980. Gesunde Körperhaltung im Alltag. Dr. A. Brügger, Zürich.

List M. 2004. Physiotherapeutische Behandlung in der Traumatologie. Springer Verlag, Heidelberg

Opitz G. 2005. Der Muskelschmerz. Schmerz und Akupunktur 3, 151-163

4. Muskeln

Muskeln sind die wichtigsten funktionellen Einheiten zur Ausführung von Bewegungsabläufen. Ihr Training ist die Grundlage jeglicher Leistungssteigerung. Da das Verständnis der Muskelfunktionen eminent wichtig für ein sinnvolles Muskeltraining ist, möchte ich in diesem Kapitel ausführlich auf die Arbeitsweise der Muskeln eingehend.

4.1. Muskelaufbau und Muskelfunktionen

Für besonders interessiere Leser folgen nun hier Erklärungen zum Muskelaufbau und den Muskelkontraktionen im Detail. Die Lektüre ist hilfreich um die weiteren Ausführungen besser zu verstehen aber nicht absolut notwendig.

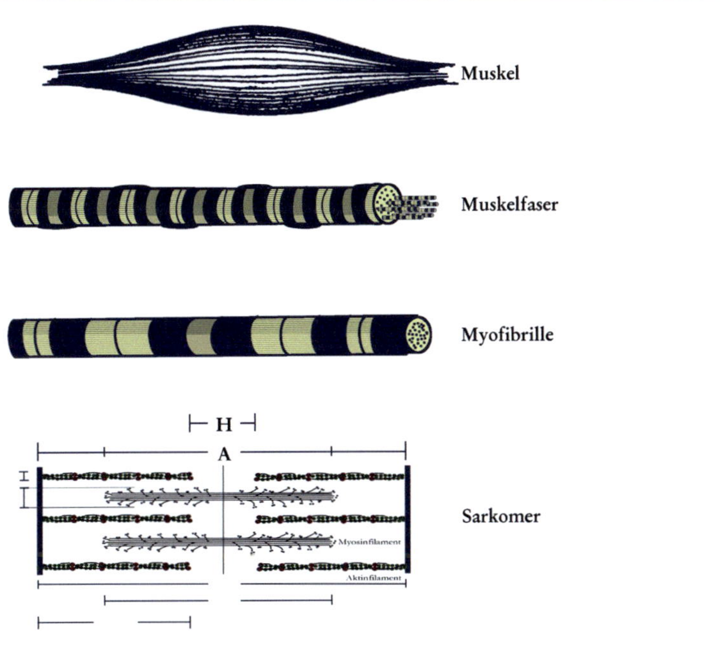

Aufbau eines Muskels von oben nach unten: Vom Gesamtmuskel bis zur kleinsten funktionellen Einheit (nach A. Scheunert und A. Trautmann, 1987).

Muskeln gliedern sich zunächst in einzelne Myofibrillen, diese wiederum in mehrere Sarkomere, welche schließlich aus Aktinfilamenten und Myosinfilamenten aufgebaut sind. Für jede Kontraktion des Muskels schieben sich Aktinfilamente und Myosinfilamente ineinander. Zur Entspannung gleiten sie wieder auseinander.

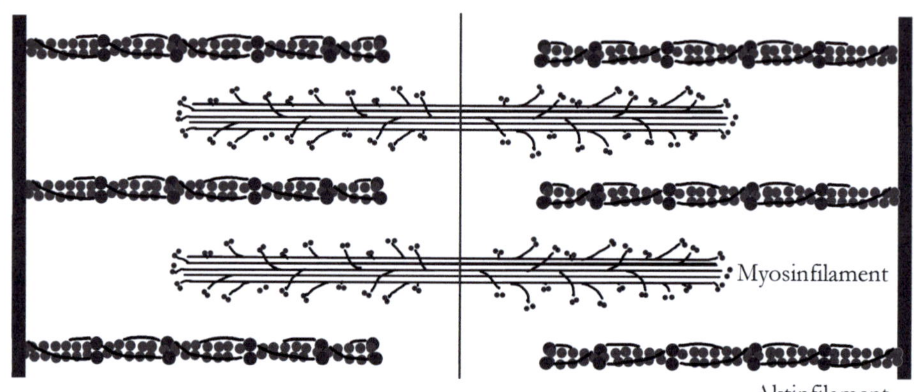

Das Sarkomer, die kleinste funktionelle Einheit eines Muskels. Aktinfilamente und Myosinfilamente greifen frei verschiebbar ineinander.

Zur Erklärung: Die Myosinfilamente bilden unter Anwesenheit von Ca^{2+} an entsprechenden Haftstellen der Aktinfilamente einen energieliefernden Komplex. Das Myosinköpfchen winkelt sich um 45° ab. Aktinfilamente und Myosinfilamente werden ineinandergeschoben. Anschließend werden Adenosindiphosphat und Phosphor von den Myosinköpfchen abgegeben. Die nun energiearmen Myosinköpfchen lösen sich von den Aktinfilamenten und nehmen Adenosintriphosphat (ATP) auf. Nach einer Spaltung desselben in Adenosindiphosphat und Phosphor gehen sie in ihre ursprüngliche Konfiguration zurück. Ein neuer Muskelzyklus kann beginnen.

Versuche haben ergeben, dass der Muskel seine größte Kraft in normaler Vordehnung entfalten kann. Weder zu starke Dehnung, noch starke Stauchung sind günstig für die Kraftentfaltung des Muskels. Die ideale Verzahnung der Aktin und Myosinfilamente besteht, wenn das Myosinfilament so weit mit dem Aktinfilament überlappt,

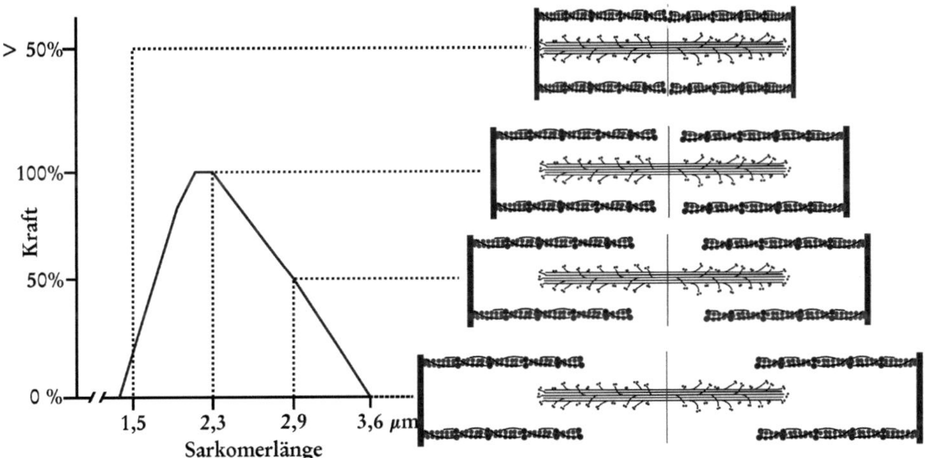

Kraftentfaltung eines Muskels in Abhängigkeit zur Verzahnung von Aktinfilamenten und Myosinfilamenten.
Größte Kraftentfaltung findet bei Bindung möglichst aller Myosinköpfchen an Aktinmoleküle statt.
(Modifizieret nach A. Scheunert und A. Trautmann, 1987).

dass möglichst viele Myosinköpfchen Kontakt mit Aktinmolekülen haben. Bei mittlerer und starker Dehnung des Muskels ist die optimale Verzahnung nicht mehr gegeben. Haben die Myosinköpfchen keinen Kontakt mehr zu den Aktinfilamenten, so können sie sich logischerweise auch nicht mehr miteinander verknüpfen. Auch bei starker Verkürzung des Muskels bzw. der Sarkomerlängen kann keine effektive Kontraktion mehr stattfinden, da sich die Myosinfilamente gegenseitig behindern. Zusätzlich wird durch Scherung der umgebenden Versorgungssysteme auch der Ionenaustausch des Muskels behindert, welches vermehrt zur Bildung von Muskelkater führt (Allen 2004).

Nun die Erklärung für die weniger medizinisch interessierten Leser: Die größte Kraft entwickelt der Muskel in normaler Körperhaltung. Werden einzelne Muskeln oder Muskelgruppen zu stark gedehnt oder zusammengeschoben, ist eine kraftvolle Kontraktion nicht mehr möglich. Diese Tatsache bietet eine logische Erklärung für die Brügger'sche Kette von Muskelverspannung, Muskelentzündung und schließlich Degeneration der Muskeln und Sehnen in dauerhaft, extremer Körperhaltung. So wird, zum Beispiel, die Halsmuskulatur eines Pferdes mit auf die Brust gezogenem Kopf in der Oberlinie stark gedehnt und im Bereich des Unterhalses stark gestaucht.

Wichtige Punkte im Überblick:

- **Muskelfasern bestehen aus Sarkomeren, welche wiederum aus Myosin und Aktinfilamente aufgebaut sind.**
- **Bei Muskelkontraktionen verzahnen sich Myosin und Aktinfilamente und gleiten auseinander, wenn der Muskel sich entspannt.**
- **Effektiv arbeitet der Muskel in normaler Dehnung, jedoch schlecht in starker Dehnung oder Stauchung.**

Tipps:

- Vermeiden Sie nach Möglichkeiten Ihr Pferd in Körperhaltungen zu reiten, bei denen bestimmte Muskelgruppen stark gedehnt und andere gestaucht werden. Ganz extrem ist dies zum Beispiel bei der Rollkur der Fall. Die Muskeln der Halsoberlinie werden überdehnt und die des Unterhalses gestaucht; beide sind nur noch mäßig belastbar.
- Bei stark versammelnden Lektionen, wie zum Beispiel bei der Piaffe und der Levade, sollte das Pferd seinen Nasenrücken bis zu einer Handbreit vor der Senkrechten tragen können. Besonders bei diesen Lektionen mit stärkster Kraftentfaltung ist es unbedingt nötig die Muskeln nicht durch erzwungene Dehnung oder Stauchung an ihrer Funktion zu hindern.
- Überprüfen Sie immer wieder die Losgelassenheit vor und nach den Lektionen durch Zügel aus der Hand kauen lassen und die Selbsthaltung während der Lektionen durch Überstreifen.

Molekül Adenosintriphosphat
(siehe nächste Seite)

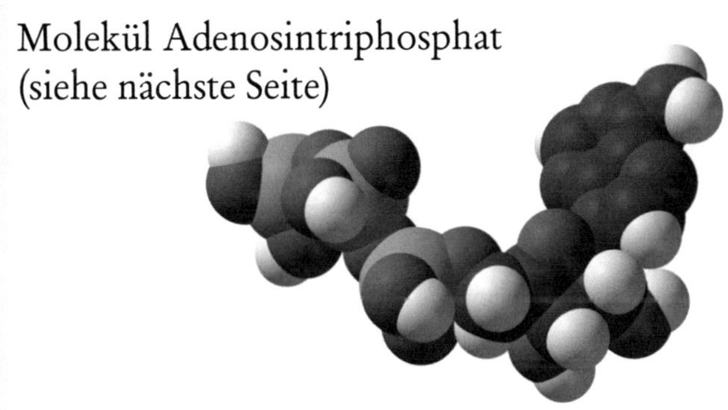

4.2. Energieumsatz im Muskel

Wichtig für die Diskussion der richtigen Trainingsmethode ist die Kenntnis von den verschiedenen Möglichkeiten des Muskels Energie in Muskelkontraktion umzusetzen. Der Träger dieser Energie ist ATP. ATP ist im Muskel nur begrenzt vorhanden, wird bei der Muskelarbeit abgebaut und muss ständig neu synthetisiert werden. Als Phosphorspeicher steht Kreatinphosphat in hoher Konzentration zur Verfügung. Zur Synthese von ATP benötigt der Muskel jedoch Energie. Diese liefert die Glukose (Traubenzucker). Die Nutzung, sprich der Abbau der Glukose kann nun über mehrere Mechanismen erfolgen:

einerseits über den aeroben Abbau. Das heißt, unter Anwesenheit von Sauerstoff wird Glukose in CO_2 und H_2O gespalten. Diese Spaltung ist sehr effektiv. Sie liefert 38 Mol ATP pro Mol Glukose. Zudem können die Abbauprodukte CO_2 und H_2O problemlos über den Blutkreislauf abtransportiert und in der Lunge ausgeatmet werden.

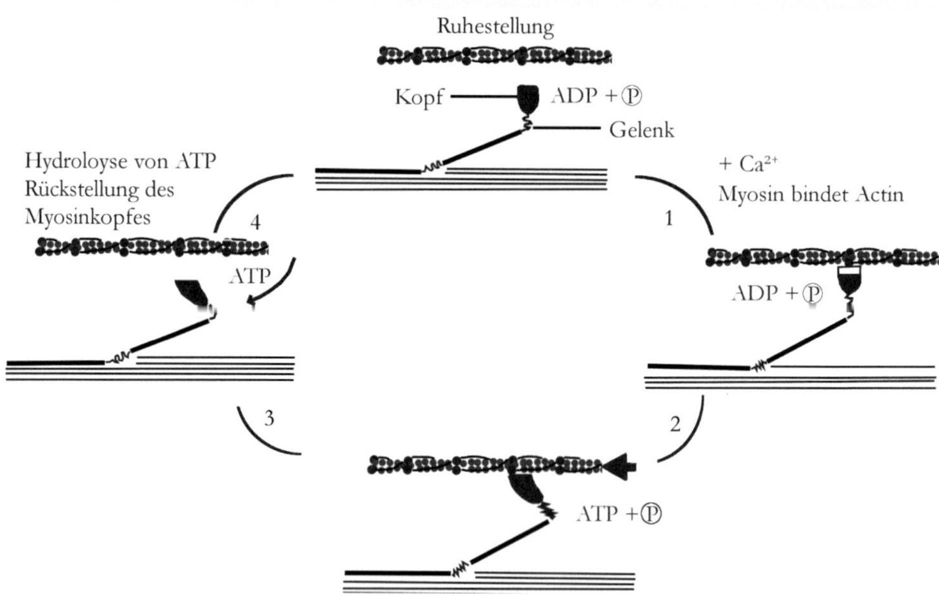

Bindung des Myosinköpfchens an das Aktinfilament.

Andererseits kann die Glukose auch ohne Anwesenheit von Sauerstoff verwertet werden. Dieser anaerobe Abbau ist jedoch wenig effektiv. Pro Mol Glukose gewinnt der Muskel nur 2 Mol ATP. Als Abbauprodukt entsteht hierbei Milchsäure, die mühsam wieder entsorgt werden muss.

Schließlich kann ein Teil der Muskelenergie noch aus dem aeroben Abbau von Fettsäuren gewonnen werden. Besonders langsame, nicht ermüdende, und nur teilweise, schnelle, wenig ermüdende Muskelfasern verwenden Fettsäuren als Energielieferant.

Wenn die aerobe Energiegewinnung so deutliche Vorteile bietet, warum muss der Körper denn überhaupt auf andere Möglichkeiten der Energiegewinnung zurückgreifen? Leider ist das aerobe Energiesystem einfach zu langsam. Es dauert ungefähr 2-3 Minuten, bis die erhöhte Sauerstoffzufuhr bei steigender Muskelleistung im Muskel ankommt. Bis dahin muss der Muskelstoffwechsel anaerob abgedeckt werden. Der Körper geht also zu Beginn jeder erhöhten Muskelleistung eine Sauerstoffschuld ein. In dieser Zeit werden natürlich auch essenzielle Ionen verbraucht und Milchsäure produziert. Bleibt die Muskelleistung jedoch auf gleich bleibendem Niveau, so kann nach 2-3 Minuten die Energiegewinnung aerob weiterlaufen. Es entsteht ein Fließgleichgewicht zwischen ATP-Spaltung und ATP-Bildung. Die Muskelarbeit kann in diesem Gleichgewicht über lange Zeit aufrechterhalten werden. Die Ionen Reservoirs können wieder aufgefüllt werden und entstandene Milchsäure wird während und nach Beendigung der Arbeit vom Körper entsorgt.

Fast jeder hat beim Schwimmen oder Joggen schon erlebt, dass er sich in den ersten 2-3 Minuten der gestellten Aufgabe nicht gewachsen fühlte. Unwillkürlich kommt der Gedanke, man sei an diesem Tage einfach zu müde um sportliche Leistung zu bringen. Bleibt man jedoch bei der anfänglichen Belastung, so stellt sich nach wenigen Minuten das aerobe / anaerobe Fließgleichgewicht ein. Auf einmal geht einem der Sport recht leicht von der Hand, und bis zur beginnenden Ermüdung kann man einige Zeit recht angenehm weiter schwimmen oder joggen. Steigert man seine Leistung jedoch ständig, ohne dass sich ein Fließgleichgewicht einstellen kann, so meint man, recht bald ertrinken oder stehen bleiben zu müssen.

Steigt die Muskelleistung stetig an, gleichgültig ob schnell oder langsam, oder wird eine dauerhaft schwere Arbeit geleistet, so entsteht kein aerob-anaerobes Fließgleichgewicht. Sauerstoff und Ionen, welche für die Muskelfunktion dringend benötigt werden, können so schnell nicht bereitgestellt werden. Schließlich wird der Muskel mit Milchsäure (Lactat) übersäuert. Bei völlig erschöpften Pferden wurden im venösen Blut Milchsäurewerte von 20 -25 mmol/l, im Vergleich zum Ruhewert von ca. 1 mmol/l gemessen. Der Lactatwert der aerob-anaeroben Schwelle liegt bei ca.4 mmol/l (Frey und Hildenbrandt, 1994 / Marées, 1981 / Heipertz-Hengst, 1999). Auch ein starker Calcium Mangel stellt sich bei überlasteten Muskeln ein (Allen 2004).

Zur Wirkung von Lactat im Muskelstoffwechsel schreibt Markworth (1992):

> „Der Preis ... ist allerdings die zunehmende Anhäufung der Milchsäure in den Muskelzellen. Da die Milchsäure eine schwache Säure ist, wird das Zellmilieu allmählich sauer. Das wiederum hat zur Folge, dass die hochsensiblen Enzyme der Glykolyse bei einem bestimmten Säuerungsgrad der Zelle ihre Tätigkeit einstellen, wodurch überhaupt kein ATP mehr resynthetisiert werden kann. Die Muskelzelle stellt dann ihre Tätigkeit unter den subjektiven Zeichen der Erschöpfung ein.“

Lange Zeit wurde der Muskelkater alleinig mit der Übersäuerung der Muskulatur in Zusammenhang gebracht. Diese Anschauung ist jedoch überholt, denn auch bei nicht übersäuerten Muskeln fand man Anzeichen von Muskelkater (Allen 2004). Zudem entsteht erst nach 12 bis 24 Stunden, wenn das meiste Lactat bereits wieder abgebaut ist, und hohe Lactatwerte wurden ohne Muskelkater nach 400-m-Läufen sowie Muskelkater ohne Lactat Konzentrationsanstieg nach Bergabläufen gemessen (Marées, 1994). Die Entstehung des Muskelkaters muss also mehr mit der Art der Bewegung zutun haben. Heute geht man davon aus, dass hauptsächlich eine mangelhafte intramuskuläre Koordination für den Muskelkater verantwortlich gemacht werden muss. Besonders ungewohnte Abbremsbewegungen lösen starken Muskelkater aus.

Waren Sie schon einmal beim Bergsteigen? Dann ist Ihnen sicher schon aufgefallen, dass sich der stärkste Muskelkater weniger bei der Muskulatur bemerkbar macht mit der Sie bergauf steigen, sondern vielmehr in den Muskeln, mit denen Sie bergab bremsen müssen. Und gerade beim Bergabsteigen hat man häufig das Gefühl die Muskeln nicht mehr richtig kontrollieren zu könne, obwohl man sich noch gar nicht so sehr erschöpft fühlt.

Ein anderes gutes Beispiel sind Ausfallschritte. Sollte man Ausfallschritte noch nicht geübt haben, so ist man meist erstaunt über den höllischen Muskelkater, den nur wenige Schritte hervorrufen. Durch die mit den stauchenden Muskelbewegungen verbundene Scherung der Muskelfasern werden Sarkomere übermäßig belastet, teilweise geschädigt und schließlich entstehen kleine Mikrorisse in der Muskulatur (Markworth, 1992 / Marées, 1994 / Müller-Wohlfahrt, 1996). Außerdem bewirkt die Verscherung der Sarkomere eine Störung im Ionenaustausch, vor allem von Calcium und Phosphat, wodurch kleinste Muskeleinheiten schließlich sogar absterben (Allen 2004). Durch die Schädigung der Muskelfasern kommt es zu lokalen Entzündungen und anschließend zu lokalen Ödemen. Die entstehenden Muskelschmerzen werden einerseits durch die Mikrorisse selbst und sekundär durch die entzündliche Schwellung und die Ödeme, welche auf die Nervenzellen drücken, ausgelöst (Proske und Morgan 2001). Ob die Mikrorisse später narbig oder narbenlos verheilen, ist noch nicht geklärt. Mit jeder Narbe allerdings würde die Elastizität des Muskels sinken. In diesem Falle würde jeder Muskelkater das Muskelsystem dauerhaft schädigen. (Springorum, 1986).

In diesem Sinne schreiben Müller-Wohlfart und Kübler (1996):

> **„Gerade im Profi-Fußball glaubte man lange Zeit, dass der Beweis für ein intensives, gutes Training ein anständiger Muskelkater sei. Heute wissen wir: Das ist völlig falsch. Wir haben erkannt, dass es sich um kleinste Gewebeschäden handelt und eben nicht „nur" um eine Anhäufung von Milchsäure und Stoffwechselschlacken, die die Beschwerden verursacht. Dadurch kommt die Muskulatur in einen Zustand, in dem sie ihre Fähigkeit zur Kontraktion und Dehnung mehr und mehr verliert. Einen guten Fussballtrainer erkennt man daran, dass er seine Spieler zunehmend belastet und genau an der Grenze aufhört, an der ein Muskelkater beginnen würde."**

Angesichts der Tatsache, dass man sich noch nicht im Klaren ist, was den Muskelkater genau auslöst, ist dies natürlich ein frommer Wunsch. Muskelkater wird sich im Training auch nicht immer vermeiden lassen. Jedoch hilft ein vernünftiger Trainingsplan dabei, plötzliche Überlastungen zu vermeiden. Innerhalb des täglichen Trainings ist zudem das Fingerspitzengefühl des Reiters gefragt. Er / Sie merkt am besten, wann die geforderten Bewegungsabläufe nicht mehr so mühelos ausgeführt

werden. Im Zweifelsfalle gilt wieder das alte Prinzip: „Manchmal ist weniger mehr“. Man richtet auf jeden Fall keinen Schaden an und kann am nächsten Tag auf der Arbeit des Vortages aufbauen.
Leider sieht man immer noch viele Reiter, die ihr Pferd während der ganzen Woche nur wenig oder gar nicht fordern, aber 1-2 Mal pro Woche das arme Tier dann regelrecht „abkochen“. Solch eine Tortur könnten diese Reiter ihrem vierbeinigen Sportkameraden wirklich ersparen, denn außer einer starken Ermüdung der Muskulatur und damit verbundener Muskelübersäuerung sowie Muskelfaserrisse erreichen Sie nichts. Das Pferd bekommt von einer solchen Trainingstaktik eher bleibende Schäden als irgendwelchen Leistungszuwachs.

Ein vernünftiges, gezieltes Training steigert die Leistungsfähigkeit des aeroben Energiegewinnungssystems Schritt für Schritt. Parallel zur verbesserten Versorgung der Muskeln vermehren sich die kleinsten funktionellen Einheiten, die Sarkomere, schon innerhalb einer Woche. Mit zunehmender Anzahl der Sarkomere kann der Muskel einer zu starken Verscherung entgegenwirken. Somit ist auch die Muskelarbeit für Abbremsbewegungen trainierbar. Am Ende eines Wanderurlaubs bekommen Sie beim Bergablaufen keinen Muskelkater mehr. Auch die Anzahl der Ausfallschritte, welche Sie ohne Beschwerden ausführen können, steigert sich mit jedem Tag.

Wichtige Punkte im Überblick:

- Der Muskelstoffwechsel läuft mit Sauerstoff, aerob, oder ohne Sauerstoff, anaerob, ab.
- Der aerobe Stoffwechsel ist effektiver, aber langsamer.
- Kapazitäten für aeroben Stoffwechsel können trainiert werden.
- Muskelkater entsteht durch fehlende Muskelkoordination in ungewohnten Haltungen.
- Ungewohnte Verscherungen führen zu einer schlechter Ionen Versorgung und schließlich zu Mikrorissen in den Muskelfasern.
- Im Training vermehren sich die kleinsten funktionellen Einheiten in den Muskelfasern und können dann einer zu starken Verscherung in den Muskeln entgegenwirken.

Tipps:

- Trainieren Sie nicht bis zur Ermüdung, sondern wiederholen Sie Trainingsreize zweimal pro Woche.
- Anzeichen für Ermüdung sind verringerte Selbsthaltung, aber auch ein stetiges Nachlassen der Losgelassenheit.
- Für eine verbesserte Versorgung der Muskeln mit Nährstoffen brauchen Sie einen kontinuierlichen Anstieg der Trainingsanforderung.
- Die Vermehrung der kleinsten Muskeleinheiten bleibt lang bestehen. Somit bleibt in Trainingspausen die intramuskuläre Koordination erhalten. Sie werden feststellen, dass sich Ihr Pferd auch nach längeren Pausen gut ausbalancieren und versammeln kann. Nur geht ihm dann recht schnell die Puste aus.

4.3. Drei Muskelfasertypen

Die Skelettmuskulatur des Säugetieres setzt sich aus drei unterschiedlichen Fasertypen zusammen:

1. Schnelle, ermüdbare, aber kräftige, dicke Fasern mit viel, hauptsächlich anaerobem Energieverbrauch.
2. Schnelle, wenig ermüdbare, dünne Fasern mit hohem zum Teil aerobem aber auch anaerobem Energieverbrauch.
3. Langsame, kaum ermüdbare, dünne Fasern mit geringem, aeroben Energieverbrauch.

Muskulatur die viel Kraft entwickelt braucht also auch viel Energie, welche nur in geringem Maße aerob abgedeckt werden kann. Dünne Ausdauermuskulatur arbeitet dahingegen wesentlich effizienter. Sie kommt mit Sauerstoff zur Energiegewinnung aus und ermüdet kaum. Welche Muskelfasertypen vermehrt ausgebildet werden, lässt sich durch zielgerichtetes Training beeinflussen.

In den meisten Sparten der Reiterei stellt sich das Problem, dass zu unterschiedlichem Grad sowohl Ausdauermuskulatur als auch Kraftmuskulatur benötigt wird. Zu viel Training der Kraftmuskulatur behindert die Ausdauer des Pferdes, da Kraftmuskulatur zu viel Energie benötigt. Distanzreiter absolvieren aus diesem Grund kaum Krafttraining mit ihren Pferden. Ihre Pferde verfügen primär über lange, dünne aber kaum ermüdbare Muskulatur. Dicke Kraftmuskulatur würde kostbare Energie verbrauchen. Der Vielseitigkeitsreiter muss versuchen einen goldenen Mittelweg zwischen beiden Extremen zu finden. Auch sein Pferd braucht im Gelände und auf den Wegestrecken Ausdauer. Jedoch kommt er am Sprung und in der Dressur nicht ganz ohne Kraftmuskulatur aus.
Das Dressurpferd nun benötigt deutlich mehr Kraft, doch viele Bewegungsabläufe verlangen zusätzlich Ausdauer und Geschicklichkeit.

Wegen seines hohen Energieumsatzes verlangt das Krafttraining jedoch nach besonderem Fingerspitzengefühl. Ein Dressurpferd darauf zu trainieren, dass es die meisten Lektionen im aeroben Bereich absolvieren kann, gelingt nur durch einen langjährigen, konsequenten Muskelaufbau und durch das Training der Muskelkoordination.
Zunächst ist durch gezieltes Krafttraining eine deutliche Kraftzunahme ohne Faserverdickung feststellbar. Dies erklärt man sich mit der trainingsbedingten Verbesserung der intramuskulären Koordination. Später prägt die zunehmende Faserverdickung das imposante Erscheinungsbild eines gut ausgebildeten Dressurpferdes.

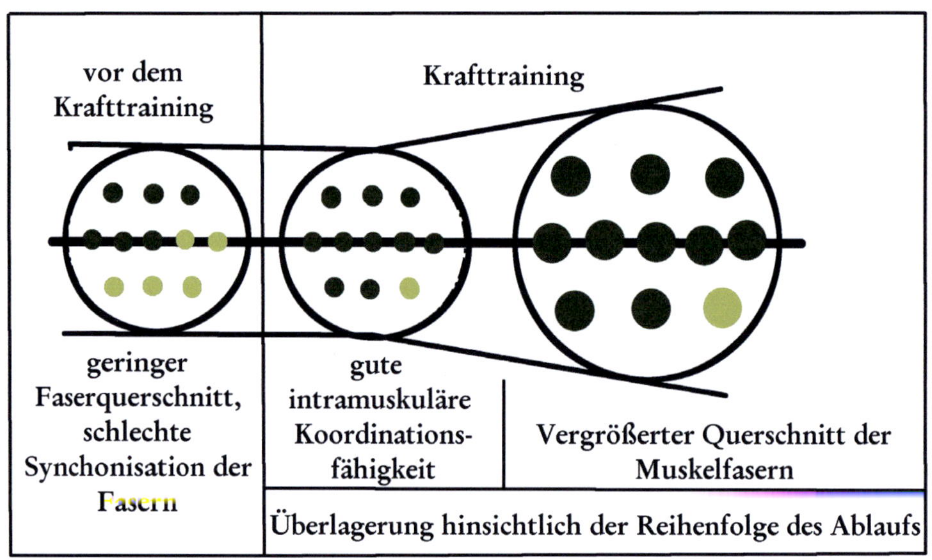

Die Wirkungen des Krafttrainings: Bei untrainierten Muskeln kontrahieren sich nicht alle Muskelfasern gleichzeitig. Mit zunehmendem Training jedoch nimmt die Synchronisation der Muskelfasern zu und erst später lässt sich eine deutliche Zunahme der Anzahl der Sarkomere und somit der Muskelfaserquerschnitte messen.
(nach G.Frey und E. Hildenbrandt, 1994)

Wichtige Punkte im Überblick:

- Es gibt verschiedene Muskelfasertypen für entsprechende Anforderungen.
- Dressurpferde benötigen vermehrt dicke kräftige Muskelfasern, welche jedoch schneller ermüden.
- Durch Training verbessert sich erst die intramuskuläre Koordination, und dann die Muskeldicke.

Tipps:

- Pferde, welche für die verschiedenen Sparten des Reitsports trainiert werden, unterscheiden sich schon in ihrem Erscheinungsbild. Während das Dressurpferd primär runde, dicke, kräftige Muskeln ausbildet, zeigen Pferde in den Ausdauersportarten dünne lang gezogene Muskeln.

Weiterführende Literatur:

Allen DG. 2004. Skeletal muscle function: role of ionic changes in fatigue, damage and disease. Clin Exp Pharmacol Physiol, 31(8):485-93.

Böning D. 2003. Muskelkater.
Med Monatsschr Pharm, 26(5):167-71.

Proskc U. and Morgan DL. 2001. Muscle damage from eccentric exercise: mechanism, mechanical signs, adaptation and clinical applications. J Physiol., 537(Pt 2):333-45.

Scheunert A. und Trautmann A. 1987.
Lehrbuch der Veterinär-Physiologie.
Paul Parey Verlag, Berlin.

5. Sehnen, Bänder und Gelenke

Nicht nur Muskeln lassen sich durch Training festigen, stärken und im Umfang vermehren. Derselbe Effekt lässt sich auch bei Sehnen, Bändern und Gelenken erzielen (Ivers, 1983). Wie schon beschrieben, dient die Dressur, neben ihrem Selbstzweck, dazu dem Pferd einen Weg aufzuzeigen seinen Reiter leichter und ausbalanciert zu tragen, jedoch ist es dazu nicht von heute auf morgen in der Lage. Die Bewegungsabläufe kosten es zu Anfang viel Kraft, und Muskeln, Sehnen und Gelenke werden beansprucht, welche das Pferd zuvor eher wenig genutzt hat.

Daher ist es unbedingt nötig sich Gedanken zu machen, wie die neue Aufgabe vom Pferd dosiert und schonend absolviert werden kann. Macht man sich die Mühe auch Sehnen, Bänder und Gelenke in ein sinnvolles Training einzubeziehen, so wird man schon bald eine deutliche Kräftigung derselben feststellen können. Ansonsten besteht die Gefahr, dass diese Strukturen durch plötzliche Überbelastung Schaden nehmen. Folgen der Überlastung von Sehnen, Bändern und Gelenken treten beim Dressurpferd recht häufig auf. Hier seien nur einige Beispiele genannt:

Arthrose im Sprunggelenk (Spat):
Verursacht durch Überlastung des Sprunggelenks beim Versammeln ohne korrekte Hankenbeugung. Hat das Pferd noch nicht genug Kraft um die Versammlung, und somit die Hankenbeugung, in der vom Reiter geforderten Zeit aufrechtzuerhalten, so ersetzt es die Beugung des Hüft- und Kniegelenks durch Abwinkelung des Sprunggelenks. Auf Dauer nimmt das Sprunggelenk bei solch einer unphysiologischen (Schon-) Haltung des Pferdes jedoch Schaden.

Sehnenscheiden-Entzündungen und Sehnenscheiden-Gallen

Sehnenscheiden werden durch vermehrte Beugung der Gelenke stärker belastet und folglich leicht überbeansprucht. Es entstehen Entzündungen in den flüssigkeitsgefüllten Räumen. Wässerige Synovia (Gelenksflüssigkeit und Flüssigkeit der Sehnenscheiden) wird vermehrt gebildet. Schließlich kommt es zu schmerzhaften Umfangsvermehrungen verschiedener Sehnenscheiden (umgangssprachlich Gallen genannt).

Bänderdehnungen und Arthrosen

Seitengänge wie Schulterherein, Traversalen, Pirouetten etc. verlangen eine Gewichtsaufnahme auf Beine in gekippter Stellung und dies auch noch oft in höheren Gangarten. Die starke, seitliche Belastung von Sehnen, Bändern und Gelenken und die folgende Kippbewegung müssen ebenfalls trainiert werden. Bänderdehnungen und Arthrosen sind sonst schnell die Folge.

Verstauchungen

Oft lassen die Bodenbeschaffenheit auf Turnieren zu wünschen übrig, oder sie sind zumindestens nicht so, wie man es von zu Hause gewohnt ist. Schnell hat sich das untrainierte Turnierpferd auf unebenem Boden verstaucht. Deshalb sollte man sinnvollerweise zu Hause unterschiedliches Terrain ins Training einbeziehen.

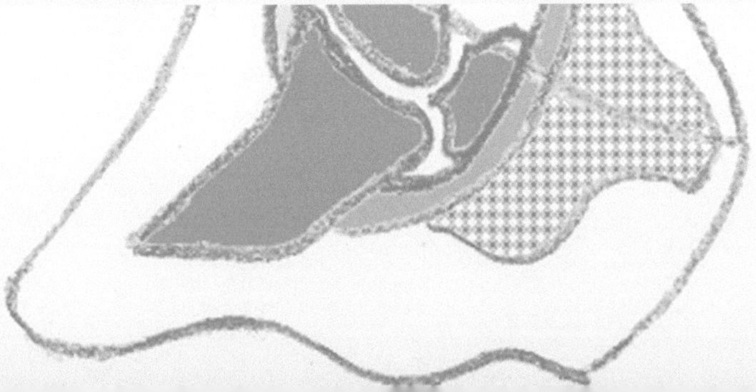

Nicht nur die Gesundheit des Pferdes wird es ihnen danken. Auch die Turnierergebnisse fallen besser aus, da es nach einiger Zeit gelernt hat, sich auf unterschiedlichstem Boden besser zu präsentieren.

Sehnenfaserrisse

Sie treten auf, wenn die Muskulatur und die Sehnen zu schwach sind, die Beine zu stabilisieren. Entweder ist in solchen Fällen die Muskulatur generell untrainiert, oder häufiger einfach ermüdet. Bei einem frischen Pferd hat die Muskulatur eine gewisse Grundspannung. Diese Grundspannung sorgt dafür, dass Muskeln und Sehnen sozusagen nicht bis zum Anschlag gedehnt werden können. Ist die Muskulatur jedoch erschöpft, können sie und die daran ansetzenden Sehnen unkontrolliert gedehnt und eventuell überdehnt werden. Irgendwann ist jedoch Schluss mit der Elastizität und einzelne Sehnenfasern reißen. Im Extremfall reißt auch einmal die ganze Sehne.

Leider sind Schäden an Gelenken und Bändern recht hartnäckig oder sogar irreparabel. Bänder, die einmal überdehnt werden, sind in der Folge sehr empfindlich und instabil. Sie lassen sich nur mit großem Trainingsaufwand stabilisieren. Im Gelenk bewirkt eine Entzündung durch Überbelastung erst einmal eine Vermehrung der Gelenkflüssigkeit. Zu diesem Zeitpunkt, der durch die Bildung von Gelenksgallen auffällt, lässt sich mit medizinischer Behandlung und anschließendem schonenden Aufbau eingreifen (Stashak, 1989). Wird diese Phase jedoch ignoriert, stellen sich bald Schäden am Gelenkknorpel ein. Gelenkknorpel kann sich allerdings nicht mehr regenerieren. Anstelle des alten Knorpels tritt Ersatzgewebe, das nie wieder so belastbar wird wie das Original.

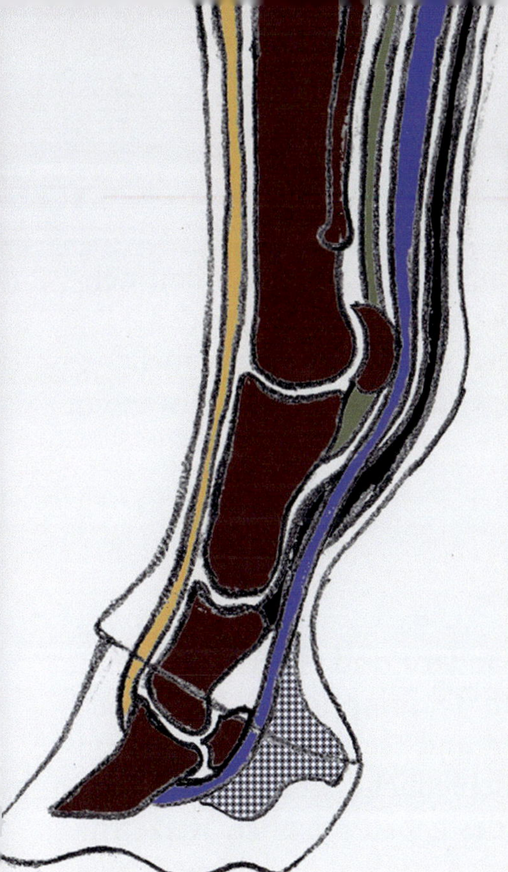

Querschnitt durch den Pferdefuß:
Strecksehne,
Knochen,
Fesselträger,
tiefe Beugesehne,
oberflächliche Beugesehne

Anders sieht es mit Sehnenschäden aus. Mit genügend Geduld werden Sehnen wieder voll belastbar. Es ist jedoch ein langwieriger Prozess. Unter einem Jahr Ruhe und ohne langsames Aufbautraining sind bis jetzt nur wenige Pferde

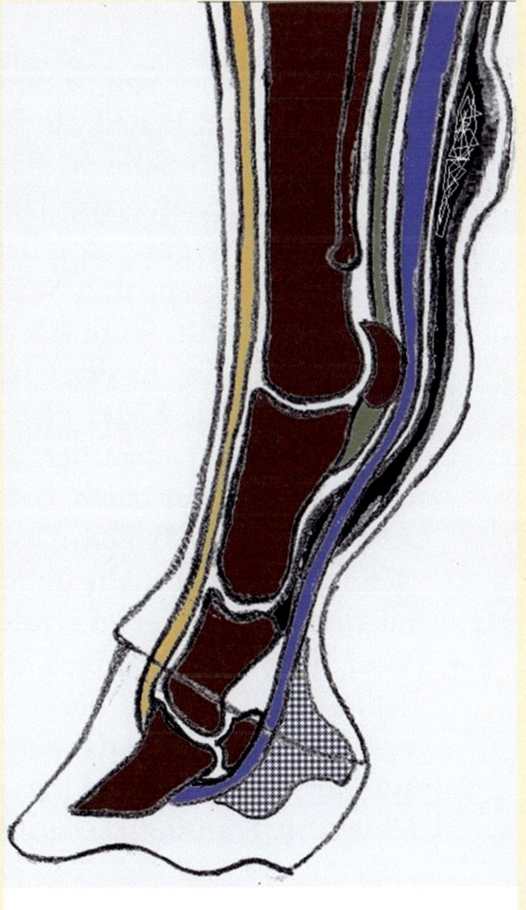

Narbengewebe in der oberflächlichen Beugesehne.

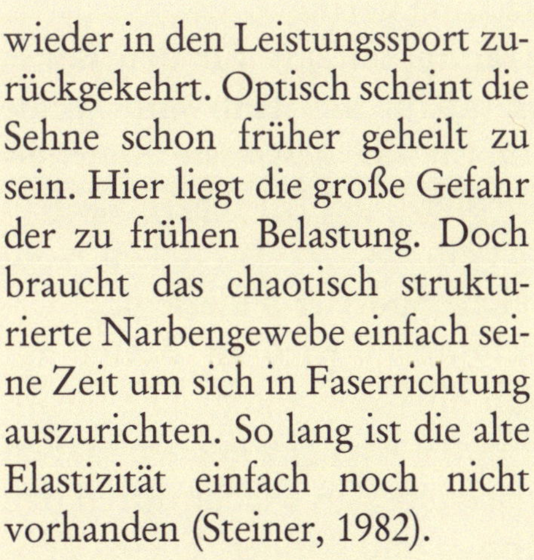

wieder in den Leistungssport zurückgekehrt. Optisch scheint die Sehne schon früher geheilt zu sein. Hier liegt die große Gefahr der zu frühen Belastung. Doch braucht das chaotisch strukturierte Narbengewebe einfach seine Zeit um sich in Faserrichtung auszurichten. So lang ist die alte Elastizität einfach noch nicht vorhanden (Steiner, 1982).

Wichtige Punkte im Überblick:

- Bei zu schnellem oder unsachgemäßem Trainingsaufbau nehmen besonders die Sehnen, Bänder und Gelenke Schaden.
- Schäden an Gelenken und Bändern sind meist irreparabel.
- Sehnenschäden heilen mit genügend Geduld oft vollständig aus.

Tipps zum Training von Sehnen Bändern und Gelenken:

- Neben dem normalen, dosierten Training in der Dressurarbeit, lassen sich Sehnen, Bänder und Gelenke hervorragend im Gelände trainieren. Unterschiedliche Bodenbeschaffenheiten und Neigung des Geländes geben reichlich Reize für den Bewegungsapparat. Wählt man zu dem noch eine ruhige Gangart (Schritt, Trab oder auch einmal einen ruhigen Galopp), ist die Gefahr der Überlastung gering.
- Auch die Weide bietet viele Trainingseffekte für den Bewegungsapparat. Neben der Wohltat für den Leib sind Weide und Gelände natürlich Balsam für die gestresste Sportlerseele. Die alte Mär vom Dressurpferd, das bei regelmäßigem Weidegang nicht mehr im Sport einzusetzen ist, haben wohl mittlerweile genügend erfolgreiche Sportler widerlegt.
- Vom Training im Pferdeschwimmbad wird in Bezug auf Sehnen und Gelenke momentan eher abgeraten. Die positive Wirkung, welche das Schwimmen nachgewiesener Maßen auf Herz und Kreislauf hat, relativiert sich wieder durch den fehlenden Trainingsreiz auf Sehnen und Bänder. Dieses Trai-

nings- und Rehabilitationsmittel sollte besser in Kombination mit konventionellem Training eingesetzt werden, denn aus dem Schwimmbecken steigt sonst ein gut trainierter Athlet mit schwachen Sehnen und Bändern. Und was nützt dem Pferd seine Kondition, wenn seine Beine der Leistung nicht gewachsen sind? Durchaus sinnvoll ist es jedoch die Beine des Pferdes nach der Arbeit kalt abzuspritzen, oder das Pferd in flachem Wasser treten zu lassen. Gute Trainingsmöglichkeiten für angeschlagene Pferde bieten auch eine Vielzahl von „Aquatrainern“. Vereinfacht ausgedrückt handelt es sich hierbei um Laufbänder im Wasser. Das kalte Wasser regt die Durchblutung an und fördert die Regeneration angegriffener Strukturen. Zusätzlich bietet der Widerstand des Wassers einen guten Trainings-Anreiz für die Kraftmuskulatur.

Weiterführende Literatur:

Stashak TS. 1989. Adams' Lahmheit bei Pferden. H. Wissdorf (ed.) Schaper Verlag, Hannover.

6. Motivation des Dressurpferdes

Ein wichtiger Punkt für die Erzielung von Leistung ist die Motivation, und zwar nicht nur des Reiters, sondern auch des Pferdes. Viele Pferde sind von Natur aus gehfreudig und lernbegierig. Andere müssen zur Mitarbeit eher überzeugt werden. Für einen Hochleistungssportler im Dressursport ist es natürlich von Vorteil, wenn er zu der ersten Kategorie zählt. Solche Pferde, die sich dem Reiter regelrecht anbieten, sind jedoch nicht unbedingt leichter zu trainieren. Die große Kunst des Reiters besteht darin, sie nicht zu überfordern und ihre starke Motivation zu erhalten. Sonst sind sie schon nicht mehr einsatzbereit, bevor sie das beste Alter für ein Dressurpferd von ca. 12 Jahren erreichen. Doch auch für die eher faulen Pferde gibt es Möglichkeiten ihm die Dressur schmackhaft zu machen.
Wichtig für alle Pferde ist das Erlernen eines gewissen Bewegungsautomatismus. In der Fachsprache bezeichnet man dies auch als „Lernen nach dem Regelkreismodell“. In der folgenden Abbildung ist ein solcher Regelkreis dargestellt.

Zu Anfang sind Reiter und Pferd noch recht unsicher. Sie müssen sich auf jedes Detail der Lektion voll konzentrieren. Einflüsse die von außen auf die Pferde und Reiter eindringen, stören die Konzentration und führen zu Fehlern. Folglich ist in diesem Stadium eine korrekte Ausführung der Lektionen nur unter optimalen Bedingungen möglich.
Bei jedem Durchlaufen des Regelkreises werden die Bewegungsabläufe immer sicherer und selbstbewusster und Stück für Stück gehen sie ins Unterbewusstsein über. Schließlich sind Reiter und Pferd in der Lage auch unter veränderten und sogar schlechten Bedingungen ihre Aufgabe erfolgreich zu absolvieren.

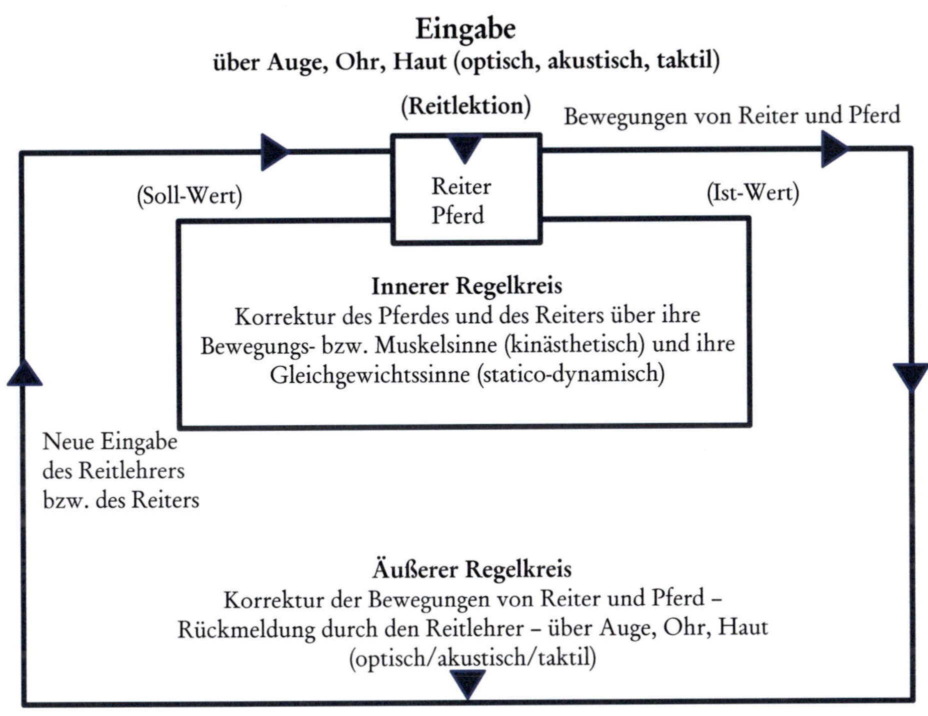

Lernen nach dem Regelkreismodell
Pferd und Reiter führen eine bestimmte Lektion aus. Sie korrigieren sich hierbei selbst (sie durchlaufen den inneren Regelkreis), andererseits gibt der Reitlehrer Verbesserungsvorschläge (dies entspricht dem äußeren Regelkreis). Auf die Korrektur folgt eine Verbesserung des Bewegungsablaufes. Der Regelkreis beginnt von Neuem. (modifiziert nach E. Meyners, 1982)

Die frohe Botschaft des Regelkreismodells also lautet: „Übung macht den Meister". Es ist für Dressurpferde sehr wichtig, Bewegungsautomatismen zu erlernen. Auf Turnieren trifft man immer veränderte und zum Teil schwierige Bedingungen an. Hat das Pferd zuvor die Bewegungsabläufe soweit geübt, dass sie aus dem Unterbewusstsein heraus ablaufen, so führen Lärm, viele Menschen, Musik, unterschiedliche Bodenbeschaffenheit etc. nicht mehr so oft zu Fehlern in der Aufgabe. Der Bewegungsautomatismus gibt nervigen, arbeitswütigen Pferden Sicherheit und faule Pferde motiviert es zur Mitarbeit.

6.1. Das mentale Training des Pferdes

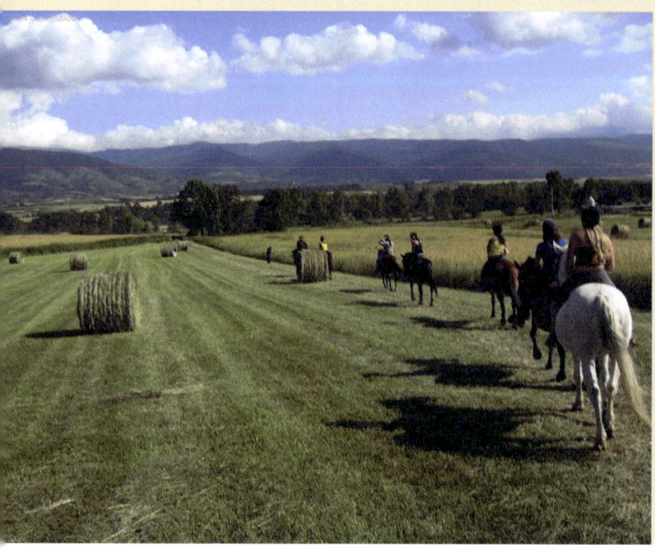

Ausreiten als mentales Training und zur Entspannung des Pferdes

Das mentale Training des Pferdes, und besonders des jungen Pferdes, sollte in der Jahresplanung fest eingerechnet werden. Es nimmt viel Zeit in Anspruch. Zur Vorbereitung eines Turniers reicht es nicht aus zu Hause im wohlbekannten Terrain, zu trainieren. Pferde müssen auch veränderte Bedingungen sehen und erleben. Hierzu ist es wichtig, immer wieder die Gelegenheit zu nutzen, auf unterschiedlichen Plätzen zu reiten. Nur zu Hause auf mehreren Plätzen zu trainieren genügt nicht. Falls man nicht die ersten Turniere als Lern- und Gewöhnungsveranstaltungen rechnen möchte, so ist es sinnvoll, das Pferd gelegentlich einzuladen und zu fremden Reitanlagen zu fahren. Lehrgänge auf

Springen als mentales Training und als Krafttraining

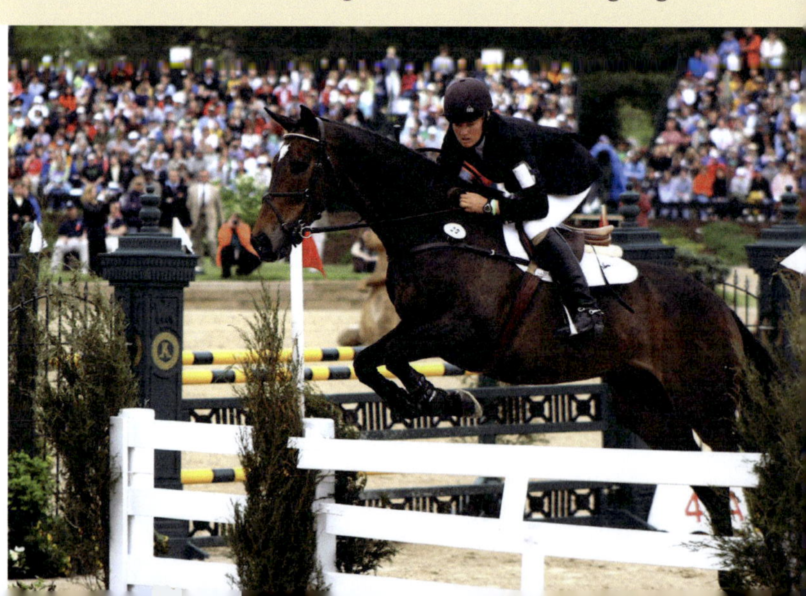

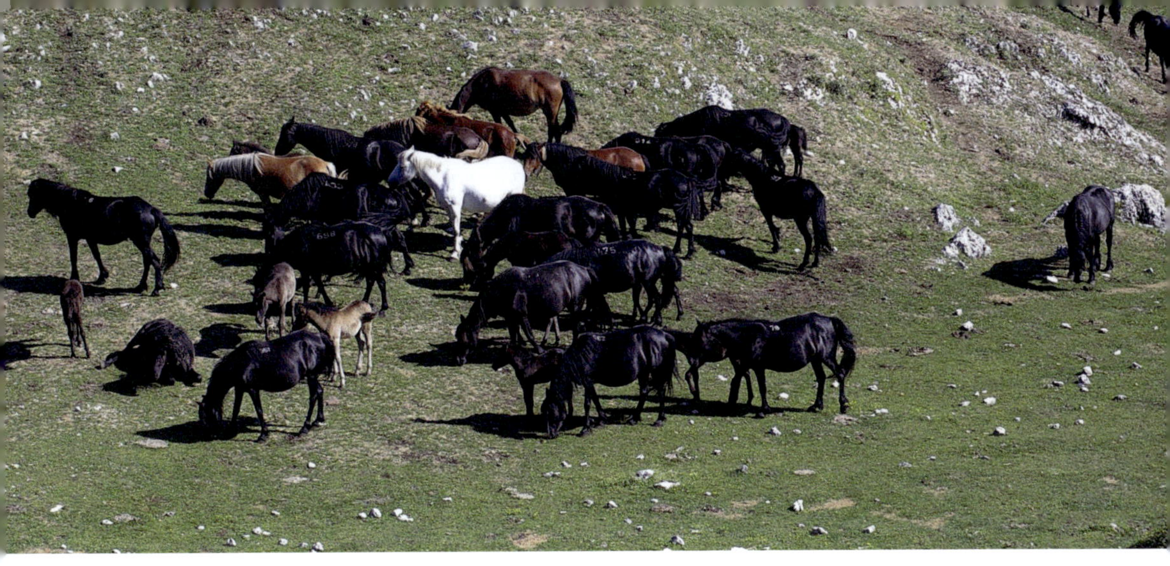

Gruppenhaltung fördert Gesundheit und Leistungsbereitschaft

fremden Anlagen sind dankbare Gelegenheiten. Zumal sich bei diesen die Möglichkeit bietet, mehrere Tage auf dem „neuen“ Terrain zu reiten. Das erhöht den Trainingsreiz und den Gewöhnungseffekt.

Zudem sind auch Dressurpferde dankbar für Abwechslung in der täglichen Arbeit. Gelegentliches Springen, regelmäßige Geländeritte und sogar Training auf der Galoppbahn, auch einmal in einem höheren Tempo, fördern körperlich und geistig. Geländeritte und vor allem galoppieren in hohem Tempo sollten jedoch regelmäßig eingeplant werden. Gerade nervige Pferde putschen sich zu Anfang gerne auf. Sind sie es jedoch gewöhnt, entspannt es sie hervorragend. Am folgenden Tag sind sie meist zufrieden, locker und entspannt (Springorum, 1986).

Über die „Freizeit“ des Dressurpferdes sollte man sich im Zusammenhang mit Motivation und mentalem Training auch Gedanken machen. Hierbei gilt: umso pferdegerechter, desto besser. So oft und so lange wie möglich sollte Pferden Gelegenheit gegeben werden, sich auf der Weide zu erholen. 23 Stunden am Tag in der Box zu stehen und eine Stunde täglich, meist in höheren Gangarten, geritten zu werden ist völlig unphysiologisch für Pferde. In der Natur bewegen sich Pferde den ganzen Tag, meist im Schritt. Gönnen Sie Ihrem Pferd regelmäßigen Weidegang, möglichst in Gruppen, oder zu mindestens zu zweit! Nicht nur die bessere körperliche Gesundheit wird gesteigert, da alle Strukturen des Bewegungsapparates gleichmäßiger durchblutet werden, sondern auch die mentale Fitness Ihres Pferdes wird es Ihnen danken. In möglichst natürlichem Umfeld bieten sich vielfältige Möglichkeiten der Geschicklichkeits- und Charakterfestigung (Schönfelder, 1982).

Gewöhnung an unbekannte Objekte

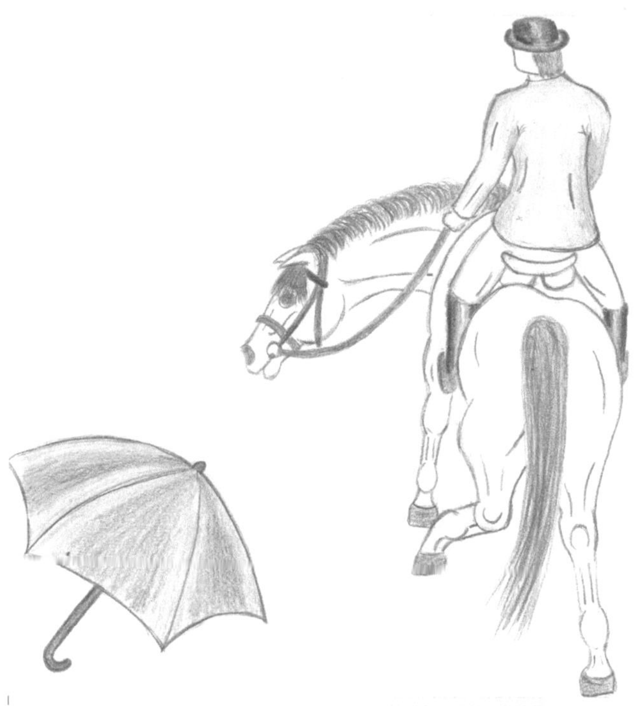

6.2. Angst-Blockaden

Jegliche Gewöhnungen an veränderte Bedingungen sollte immer in kleinen Schritten erfolgen. Ob es sich nun um Wetter, Lärm, andere

Bodenbeschaffenheiten oder Koppelgang etc. handelt. Wenn sich die Möglichkeit bietet, sollte man sein Pferd diesen Reizen langsam und wohl dosiert aussetzen. Es wäre sonst schlichtweg überfordert und würde statt mit größerer Selbstsicherheit nur mit Angst reagieren.

Angst ist für das Pferd wohl ein genauso negatives Erlebnis, wie für den Menschen. Es führt nicht nur mental zu Kurzschlussreaktionen, sondern blockiert auch den ganzen Körper. Neben einem starken Unlustgefühl und der Verweigerung ist eine deutlich messbare Steigerung der Pulsfrequenz, Veränderung der Hauttemperatur, des Blutdruckes, der Atmung, der Muskelspannung, und eine Verringerung der Wahrnehmungsfähigkeit messbar (Meyners, 1982). Das Pferd ist nicht nur bockig, wenn es in Angstsituationen keine Leistung mehr zeigt, es kann ganz einfach nicht anders.

Die Angst gehört zu einer Reihe von Ursachen für Fehlverhalten beim Pferd. In diesem Zusammenhang sind auch Schmerz, Überforderung, Langeweile etc. zu nennen. (Schönfelder, 1982). In den vielen Jahren unserer reiterlichen Laufbahnen haben wir es häufig erlebt, dass unberechenbare, ängstliche und wenig motivierte Pferde an einer schmerzhaften Erkrankung litten. Oft wurden diese Pferde jahrelang mit sehr unbefriedigenden Ergebnissen ausgebildet, bis ihre Erkrankung offen zutage trat. Rückenerkrankungen, Arthrose der Gelenke, Erkrankungen des Atemapparates, etliche Stoffwechselkrankheiten und vieles mehr stellen sich oft ganz schleichend ein. Sie sind zu Anfang sogar durch den Tierarzt schlecht zu diagnostizieren, weil noch keine eindeutigen Gewebeschäden vorhanden sind. Der einfühlsame Reiter hat jedoch das Gefühl, das irgendetwas nicht stimmt. Gerade das Gefühl des Reiters und des Ausbilders ist in Bezug auf die Motivation des Pferdes das beste Messbarometer. Etwaigen Bedenken sollte ernsthaft nachgegangen werden. Das befriedigendste Reitgefühl stellt sich bei gegenseitigem Wohlergehen und Zufriedenheit ein.

Wichtige Punkte im Überblick:

- Das Erlernen von Bewegungsautomatismen steigert die Motivation. Es macht unruhige Pferde selbstsicherer und faule Pferde fleißiger.
- Das mentale Training eines Turnierpferdes beinhaltet den Besuch fremder Reitanlagen.
- Auch ein Pferd braucht „Freizeit". Wenn Sie die Freizeitgestaltung ganz bewusst angehen, können Sie für das Training gezielt Nutzen daraus ziehen.
- Überforderte Pferde haben häufig Angst, und sind nicht nur bockig, sondern regelrecht blockiert.

Tipps:

- Übung macht den Meister! Wiederholen Sie Lektionen regelmäßig. Mit jedem Durchgang verbessern sich die Koordination und die geistige Sicherheit.
- Fangen Sie frühzeitig an Ihr Pferd in fremden Umgebungen zu trainieren, dann gewöhnt es sich bald daran.
- Bauen Sie alternative Trainingsmittel wie Springen, Gelände und eventuell sogar die Rennbahn in Ihren Trainingsplan ein. Es erhöht ganz deutlich die Motivation Ihres Pferdes, und trainiert hervorragend.
- Nehmen Sie Ängste Ihres Pferdes ernst. Gehen Sie mit dem Trainingspensum zurück oder fangen bei einem Abschnitt noch mal in Ruhe von vorne an. Wenn Sie die Angstblockade nicht aus der Welt schaffen, kommen Sie im Training nicht weiter.
- Sollte Ihr Pferd ständig sehr schreckhaft sein, ziehen Sie Fachleute zurate, um die Gesundheit Ihres Pferdes zu überprüfen.

7. Allgemeine Trainingsgrundlagen

Grundsätzlich kann man Training als Auslenkung des Körpers aus der Homöostase bezeichnen. Die Homöostase bezeichnet den Gleichgewichtszustand des Körpers zwischen seinem Leistungsvermögen und den Anforderungen der Umwelt. Nach der Auslenkung soll eine neue Einregulierung möglichst auf einem höheren Kraft-, Ausdauer- oder Geschicklichkeitsniveau erzielt werden. Bei einer einmaligen Belastung des Körpers mit entsprechender Ermüdung folgt eine Erholungsphase, eine positive Anpassungsphase auf ein höheres Leistungsniveau, und schließlich eine negative Anpassungsphase auf das ursprüngliche Leistungsniveau, wie nachfolgend dargestellt.

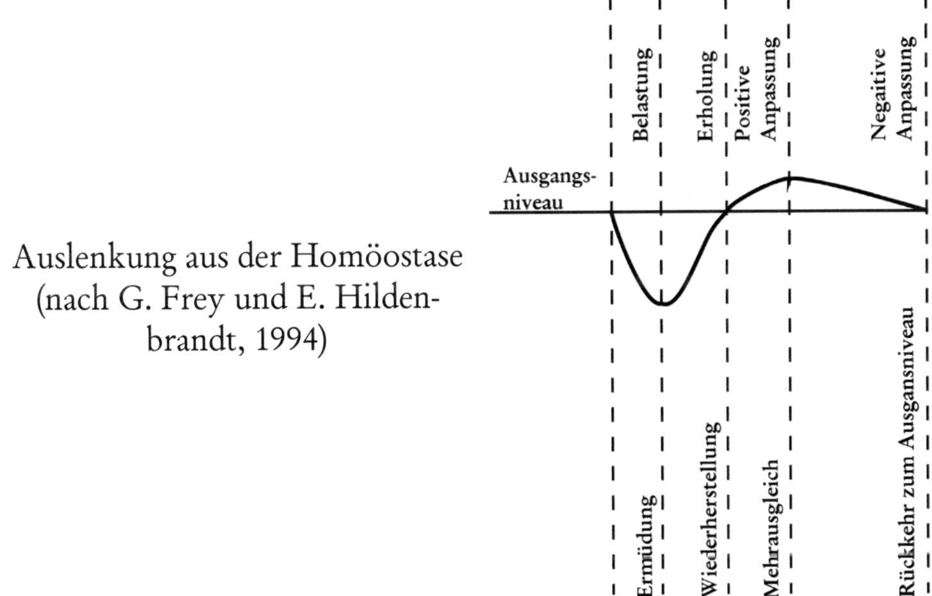

Auslenkung aus der Homöostase (nach G. Frey und E. Hildenbrandt, 1994)

Möchte man also einen Leistungszuwachs erzielen, so sollte die nächste Belastung vor der Phase der negativen Anpassung gesetzt werden. Es reicht also nicht, alle zwei Wochen mit dem Pferd im

Gelände klettern zu gehen, der erzielte Zuwachs an Kraft baut sich in der Zwischenzeit wieder ab. Aber auch das Pferd alle 4-5 Tage denselben Berg hochklettern zu lassen genügt nicht für einen progressiven Leistungszuwachs. Auf Dauer gewöhnt sich der Organismus an die Belastung. Für einen Zuwachs an Leistung muss auch der Trainingsreiz größer werden. Also sollte man entweder öfter den Berg erklimmen oder sich eine längere Kletterstrecke suchen.

Ausschlaggebend für den Trainingserfolg ist neben der Qualität ebenfalls die Quantität des Trainings, auch Trainingshäufigkeit genannt. Es hat sich herausgestellt, dass der Organismus mit einer besseren Anpassung auf ein häufigeres Training mit kleinen Belastungen als auf ein einmaliges Training mit umfangreicher Belastung reagiert.

Es ist also sinnvoller, neue Dressurlektionen etwa jeden zweiten Tag einige Minuten ins Training einzubeziehen, als einmal in der Woche eine ganze Stunde an ihnen zu üben. Im Training der Springreiter hat es sich mittlerweile etabliert lieber mehrere Tage in der Woche kleinere Sprünge zu absolvieren, als einmal in der Woche „bis zur Entscheidung" zu springen.

Wichtige Punkte im Überblick:

- **Training beinhaltet die Auslenkung des Körpers aus seinem momentanen Leistungsniveau**
- **Leistungszuwachs ist nur durch stetigen Anstieg der Trainingsanforderungen zu erzielen.**
- **Trainingsqualität und -quantität müssen im Trainingsplan berücksichtigt werden.**

Tipps:

- **Trainieren Sie regelmäßig, aber in Intervallen**
- **Steigern Sie die Leistungsansprüche langsam aber kontinuierlich.**
- **Fangen Sie mit einfachen Lektionen an und bauen Sie den Schwierigkeitsgrad Stück für Stück auf.**

7.1. Die lohnende Pause

Am meisten umstritten, im Training der Pferde, sind die Pausen zwischen den einzelnen Trainingseinheiten (Bilat 2003). Es leuchtet ein, dass kein Trainingsreiz zu erzielen ist, wenn die Pausen zu lang sind und der Organismus jedes Mal auf sein Ausgangsleistungsniveau zurückfällt:

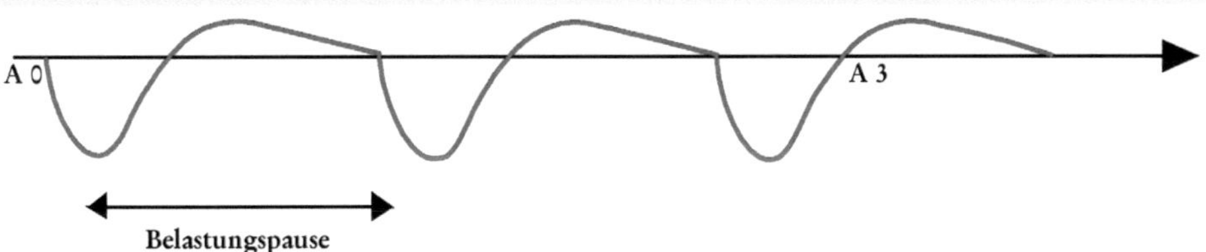

Genauso schlecht ist es, zu kurze Pausen einzuhalten. Das Pferd schafft es gerade sich von Einheit zu Einheit zu erholen, aber dem Organismus bleibt keine Zeit, sich auf ein höheres Leistungsniveau zu adaptieren:

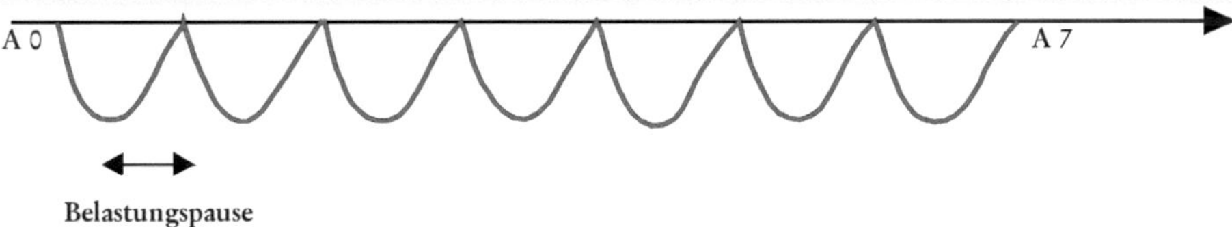

Wählt man die Belastungsintervalle noch enger, oder räumt kaum Zeit für Pausen ein, so bewirkt das Training sogar einen Abbau der Leistungsfähigkeit. Wenn ein Pferd jeden Tag bis zur Ermüdung gearbeitet wird, erhält sein Organismus keine Gelegenheit mehr sich zu regenerieren, er baut folglich ab. Man nennt dieses Phänomen auch „Übertraining“:

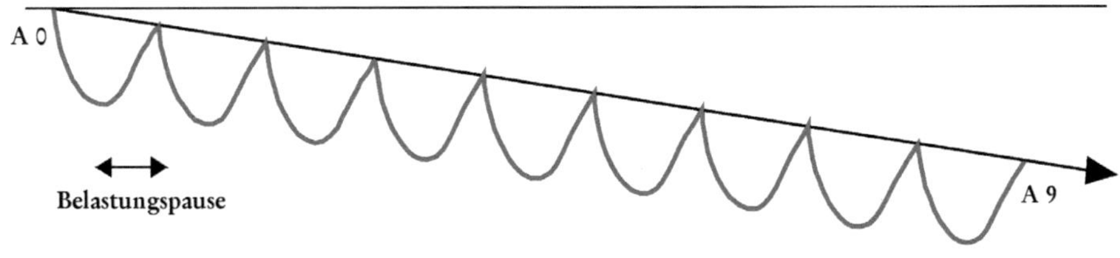

Zudem muss man im Training der Pferde ständig berücksichtigen, dass sich ein erschöpftes Pferd nicht in dem Maße schonen kann wie der Mensch es vermag. Wird dem Bewegungsapparat des Pferdes keine Erholungspause zugestanden, so kommt es zu der von Brügger (siehe Seite 16) beschriebenen Kette der Degeneration. Da sich das Pferd ja zudem weiterhin auf seinen vier Beinen bewegen muss, und auch im Erschöpfungszustand noch bewegungs- und fluchtbereit ist, entstehen sehr schnell Muskel-, Sehnen und Gelenksschäden (Ivers, 1983).

Vor allem in der Turniersaison neigen viele Reiter gerne zu einem zu geballten Trainingsplan. Das Turnier an sich stellt schon eine Belastung dar, und will man in der Woche noch die Fehler des vergangenen Turniers korrigieren, so kommen die Erholungsphasen häufig zu kurz. Im Zweifelsfall ist es immer besser, ein unwichtiges Turnier zwischendrin ausfallen zu lassen. Das gibt der Korrektur von Fehlern wieder mehr Raum.
Ideal sieht der Leistungszuwachs aus, wenn der neue Trainingsreiz am Höhepunkt der positiven Anpassung auf das neue Leistungsniveau gesetzt wird:

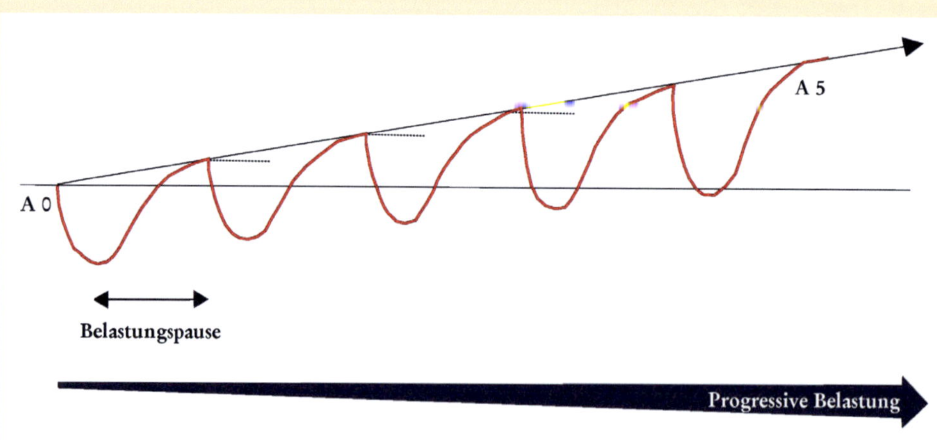

7.2. Trainingsintervalle

Wie sieht jedoch der ideale Abstand der Trainingsintervalle aus? In der Leichtathletik gehen viele Autoren von ca. 48 Stunden aus, also Training 3-4 Mal pro Woche (Bilat 2003). Frey und Hildenbrandt (1994) geben einige Faktoren an welche den Abstand der Pausen beeinflussen. So zum Beispiel:

- die körperliche Veranlagung und Verfassung
- die Belastungsart (Herz-Kreislauf-System, Muskulatur, Nervensystem)
- Intensität, Dauer und Umfang der Belastung
- die Trainingshäufigkeit (Erholung nach vorausgegangener Belastung)
- die Lebensführung (Schlaf, Ernährung usw.)

Das ideale Messbarometer ist im Klartext also immer noch das Gefühl des Reiters. Umso routinierter der Reiter ist und umso häufiger er sein Pferd trainiert, gleichgültig ob in der Dressurarbeit oder im Ausgleichstraining, desto schneller stellt sich ein sicheres Gefühl für die Belastbarkeit des Pferdes ein.

Trotz modernster Trainingsmethoden ist es ratsam, die Gesamtplanung des Trainings großzügig anzulegen. Auch in der Leichtathletik hat sich gezeigt, dass kurzfristig antrainierte Leistungen weniger dauerhaft sind, als solche welche über einen längeren Zeitraum hinweg aufgebaut werden. Das Prinzip der Langfristigkeit und Regelmäßigkeit sollte beim Training stets oberste Prämisse sein. Ein kurzfristiger Kraft- oder Ausdauerzuwachs lässt sich leichter erzielen, doch Sehnen, Bänder und Gelenke brauchen ein Vielfaches dieser Zeit um sich der neuen Anforderung anzupassen. Zum Beispiel mag ein junges Pferd durch gezieltes Krafttraining recht schnell in der Lage sein, sich zu versammeln. Doch wird es diese Versammlung nicht lange zeigen können, wenn die Gelenke der Hinterhand und insbesondere das Sprunggelenk der Belastung nicht gewachsen sind und dadurch dauerhaft Schaden nehmen.

Es bedarf jedoch einigen Fingerspitzengefühls die lohnende Pause gegen einen sinnvollen Trainingsreiz abzuwägen. Denn von all zu langen Erholungspausen hat man mittlerweile wieder Abstand genommen. Früher war es üblich, Pferden im Winter einige Wochen „Urlaub" zu gönnen. Sicher hing dies auch damit zusammen, dass nur wenige Reiter die Möglichkeit hatten, in Reithallen zu trainieren. Doch das Pferd über längere Zeit komplett aus der Arbeit zu nehmen, hat sich als wenig hilfreich erwiesen. Neben Geschwindigkeit, Kraft und Ausdauerleistung reduziert sich schließlich auch die koordinierte Muskelbewegung (Springorum, 1986). Der erneute Aufbau kostet nicht nur viel Zeit, sondern geht auch auf Kosten des gesamten Organismus. Ganz abgesehen von der erhöhten Verletzungsanfälligkeit eines untrainierten Pferdes. Deshalb ist es viel sinnvoller, in Turnierpausen ein geringeres Arbeitspensum aufrechtzuerhalten. Regelmäßige, lösende Arbeit und geruhsame Ausritte helfen dem Pferd locker und entspannt in die nächste Turniersaison zu starten.

Wichtige Punkte im Überblick:

- **Pausen sind wichtige Bestandteile des Trainings.**
- **Zu große Pausen verhindern einen Leistungszuwachs.**
- **Zu kleine Pausen führen zur körperlichen Erschöpfung und somit zu Leistungseinbrüchen.**
- **Trainingsintervalle sind individuell anzupassen. Eine Daumenregel besagt, dass man alle 2-4 Tage Leistung verlangen sollte, um einen Trainingsreiz zu setzen.**

Tipps:

- **Gönnen Sie Ihrem Pferd regelmäßige Pausen. Diese können Sie ganz individuell gestalten.**
- **Für die Trainingspausen ist alles erlaubt, was entspannt und gut tut. Pferde erholen sich gut auf der Weide, im Gelände, beim Freispringen oder anderen vielseitigen Trainingsmitteln.**

7.3. Trainingsmittel

Natürlich ist es ebenso wichtig, sich über die Qualität des Trainings Gedanken zu machen. Prinzipiell lernt ein Dressurpferd die Dressur nur durch Dressurarbeit und ein Springpferd sollte primär springen. Die Vollblutgestüte legen großen Wert auf ausgedehnte Koppeln, damit schon die Fohlen und Jährlinge genügend Möglichkeiten zum Galoppieren haben. Doch einzelne Trainingselemente lassen sich auch durch gezieltes Ausgleichstraining unterstützen. Sinnvoll in den Trainingsplan eingebaut unterstützen Geländetraining, Springtraining, Galopptraining etc. die Dressurarbeit sehr gut (Ettl 2008). Zudem werden der gesamte Organismus und die geistigen Fähigkeiten des Pferdes gefordert. Geländeritte dienen einerseits der Entspannung, andererseits können Sie durch gezielt eingebaute Kletterstrecken das Kraft- und Ausdauertraining unterstützen.
Machen wir uns also Gedanken über die Trainingsmittel für die Dressurarbeit.
Das wichtigste Trainingsmittel ist sicher die Dressurarbeit selbst. Zwei bis viermal pro Woche sollte ein Pferd je nach Temperament und Leistungsfähigkeit dressurmäßig gearbeitet werden. Den größten Trainingseffekt erzielt man, wenn man sich einige Wochen ein ganz spezielles Arbeitsziel steckt, und darauf aufbauend erst später das Arbeitspensum erweitert.

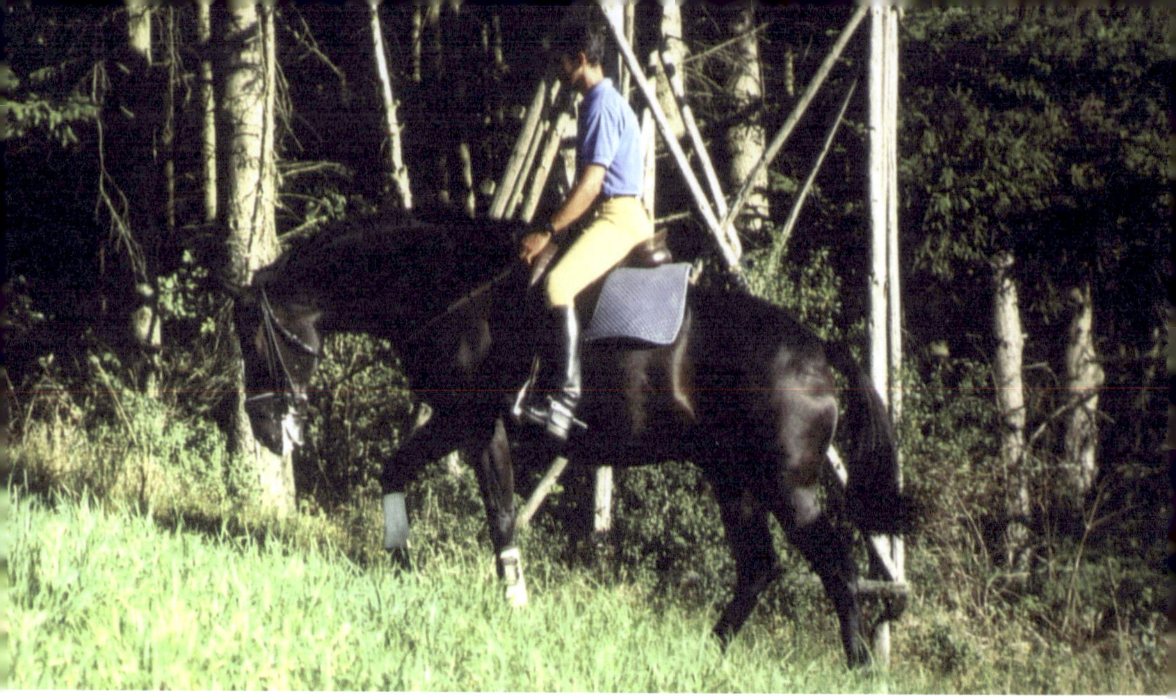

Trainingsmittel Gelände (Bild oben) Muskulatur für die Schubkraft wird beim Klettern bergauf trainiert. Zudem hat die Dehnung der Oberlinie gymnastischen Wert für das Pferd.

Trainingsmittel Gelände (Bild unter Beim Klettern bergab wird die Musk latur der Hinterhand ähnlich wie be versammelnden Lektionen beansprucht.

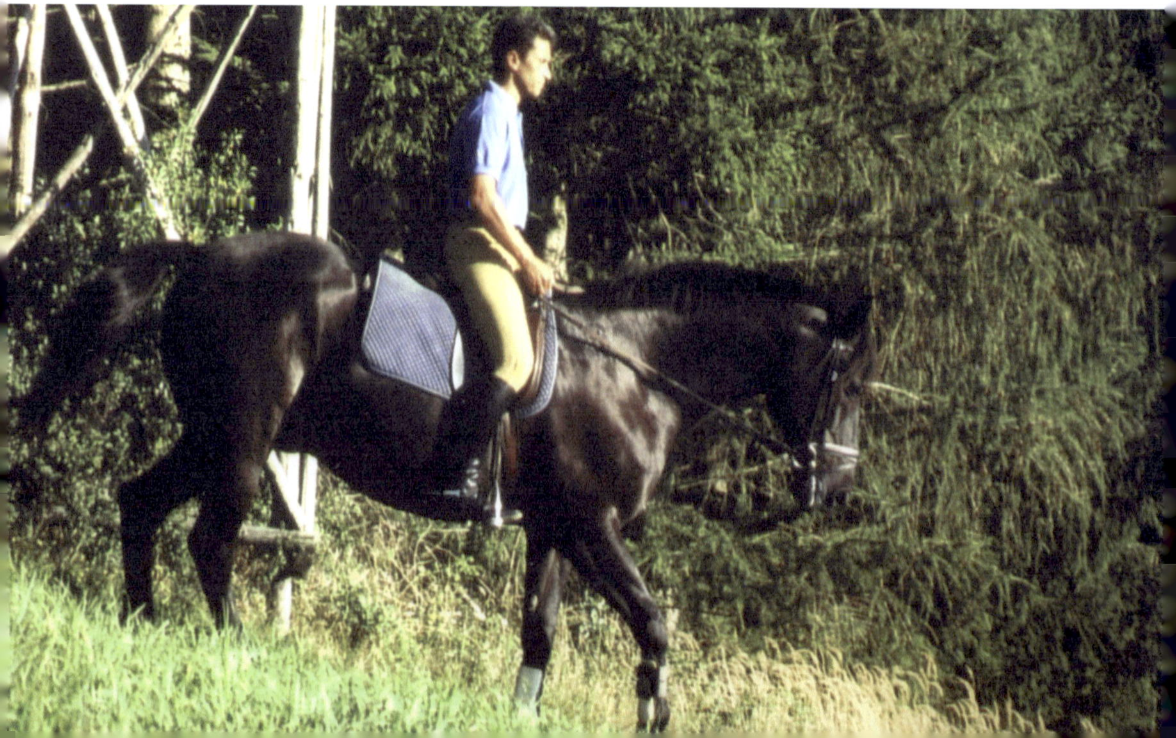

7.4 Trainingsziel Schwung

Zum Beispiel kann man sich zunächst die Erarbeitung des Schwunges zum Trainingsziel machen. Es ist sinnvoll die versammelnde Arbeit erst einmal hinten anzustellen und in den nächsten Wochen primär „vorwärts zu reiten". Auch in die Geländeritte kann das Trainingsziel „Schwung" eingebaut werden. Auf ebenen Strecken mit gutem Boden gehen manche Pferde sogar wesentlich williger schwungvoll vorwärts als in der Halle. Zudem geht's im Gelände viel länger gerade aus. Es ist viel effektiver für die Entwicklung des Schwungs das Pferd über längere Zeit mit beiden Schenkeln an beide Zügel heran treiben zu können. Die einseitige Belastung der inneren Beine auf Wendungen in der Halle fällt außerdem weg. Zusätzlich lernt das Pferd im Gelände auch bei Unebenheiten des Bodens seinen Schwung aufrecht zu erhalten. Ideal für die Entwicklung des Schwunges ist natürlich die Rennbahn. Dabei sollte man auf ihr nicht nur galoppieren, sondern ruhig einmal die Trabarbeit absolvieren. Auch am Sprung kann das für die Entfaltung des Schwungs wichtige energische Abfußen der Hinterhand geschult werden. Ein bis zweimal in der Woche gymnastisch über kleine Sprünge gearbeitet zu werden schadet auch dem Dressurpferd nicht, sondern fördert seine Losgelassenheit und sowohl die statische als auch die dynamische Kraft der Hinterhand. Freispringen macht vielen Pferden noch mehr Spaß als Springen mit Reiter (Götz 2008, Ettl 2008). Es gibt jedoch Pferde, die dabei so „außer Rand und Band" geraten, dass es sinnvoller ist, Sie kontrolliert unter dem Reiter springen zu lassen.

Schließlich lässt sich der größere Widerstand des Wassers ebenfalls zum Training der Schub- und Tragkraft verwenden. Es reicht dabei aus, das Pferd in niedrigem Wasser treten zu lassen. Parallel zum Krafttraining bietet das kalte Wasser einen guten Durchblutungsreiz für die Beine.

Wichtige Punkte im Überblick:

- Haupttrainingsmittel für die Dressur ist die Dressur selber.
- Training ist jedoch effektiver, wenn alternative Trainingsmittel wie Springen, Gelände oder Wassertraining eingesetzt werden.

Tipps:

- Arbeiten Sie gezielt an bestimmten Lektionen und wiederholen Sie das Trainingspensum regelmäßig.
- Seien Sie einfühlsam und probieren Sie aus, was Ihrem Pferd Spaß macht. Fast alle Trainingsmittel bieten gute Möglichkeiten die Fähigkeiten, für die Ausführung der Dressurlektionen, weiter zu entwickeln.
- Geht Ihr Pferd gerne ins Gelände, dann trainieren Sie es dort. Es gibt einige erfolgreiche Dressurreiter, die über gar keine Halle verfügen.
- Gute Nerven und Trittsicherheit sind für ein Dressurpferd genauso wichtig wie die korrekte Ausführung der Lektionen selbst.

Weiterführende Literatur:

Götz C. 2008. Praxishandbuch Freispringen Gymnastik, Training, Abwechslung, Cadmos Verlag Brunsbeck

Ettl R. 2008. Horse-Agility - Spielerisch und anspruchsvoll trainieren. Müller-Rüschlikon, Stuttgart

8. Krafttraining

Im Vergleich zu Pferden, die in den Ausdauersportarten Distanzreiten und Vielseitigkeit geritten werden, braucht das Dressurpferd viel Kraft. In der Sportlehre unterscheidet man zwischen vier verschiedenen Kraftformen (Zatsiorsky und Kraemer 2008):

Maximalkraft:
Die größte Kraft, die der Organismus des Pferdes gegen einen Widerstand entfalten kann. Beispiel: die Kraft des Pferdes, sich möglichst lange in der Levade zu halten. Der Widerstand ist hierbei die Erdanziehungskraft.

Schnellkraft:
Die Fähigkeit des Bewegungsapparates Widerstände mit größtmöglicher Kontraktionsgeschwindigkeit zu überwinden. Diese Kraft spielt im Springsport eine größere Rolle, jedoch auch eine akzentuierte Piaffe und Passage setzen Schnellkraft voraus.

Kraftausdauer / Ausdauerkraft:
Die Fähigkeit lang andauernde Kraftanstrengungen mit möglichst wenig Ermüdung zu absolvieren. Beispiel: versammelnde Lektionen, die über längere Zeit gezeigt werden sollen. Etwa die Kombination: versammelter Trab - Piaffe - Passage - versammelter Trab.

Reaktivkraft:
Bezeichnet die Leistung des Muskels aus einer abbremsenden, nachgebenden Bewegung heraus möglichst schnell große Kraft zu entwickeln. Beispiel: Die Passage ist wohl die Lektion, die am meisten Reaktivkraft verlangt. Sie ist gekennzeichnet, durch einen fließenden Wechsel von Schubkraft und statischer Versammlungskraft.

8.1. Training der Maximalkraft

Nur noch wenige Reiter spannen heute ihr Pferd an. Pferde vor dem Wagen große Lasten stemmen zu lassen, würde etwa dem Training der Leichtathleten mit Gewichten entsprechen.

Nur so könnte man das Querschnitts- bzw. Muskelaufbautraining (Q-Training) der Sportler in den Reitsport übertragen. Denn die Grundlage dieses Trainings ist eine Belastung der Kraftpotenziale bis zur Maximalgrenze. Da jedoch das Fahren nur zum Zweck des Krafttrainings viel zu aufwendig ist, und zudem auch gelernt sein sollte, müssen wir auf andere Mittel und Wege zurückgreifen.

Eine Grundvoraussetzung für das Training der Maximalkraft in der Dressur ist das Training der intramuskulären Koordination. Prinzipiell könnte man es mit allen versammelnden Lektionen betreiben, da diese das größte Maß an Kraftentfaltung verlangen. Um die Koordinationsfähigkeit zu schulen,reicht es jedoch aus, eine Lektion (z. B. Piaffe) mehrmals hintereinander nur einige Tritte zu fordern. Zu Beginn fordert man nur halbe Tritte, dann baut man sie allmählich zu mehreren Tritten aus. Aber auch das gelegentliche Springen von Bergabsprüngen verlangt einiges an Koordination und Maximalkraft vom Pferd. Das Pferd muss hierbei seine Hanken beugen und auf diesen sein ganzes Gewicht ausbalancieren, bis es eine geeignete Landestelle gefunden hat.

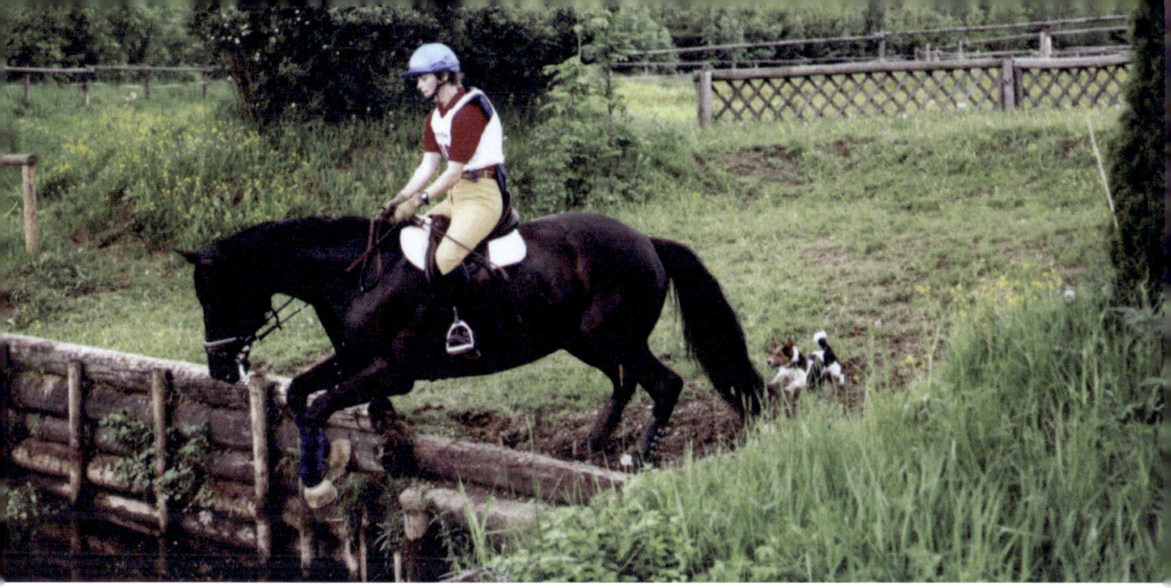

Bei Bergabsprüngen ist eine deutliche Hankenbeugung zu beobachten. Die hierbei trainierte Maximalkraft kommt den versammelnden Lektionen zugute.

8.2. Training der Schnellkraft

Die Schnellkraft lässt sich am besten am Sprung verbessern. Kleine Sprünge können öfter in das normale Arbeitspensum einbezogen werden und fördern das aktive Abfußen der Hinterhand.

Die Absprungphase trainiert neben der Schnellkraft auch das kraftvolle Abfußen zur Verbesserung der Schubkraft.

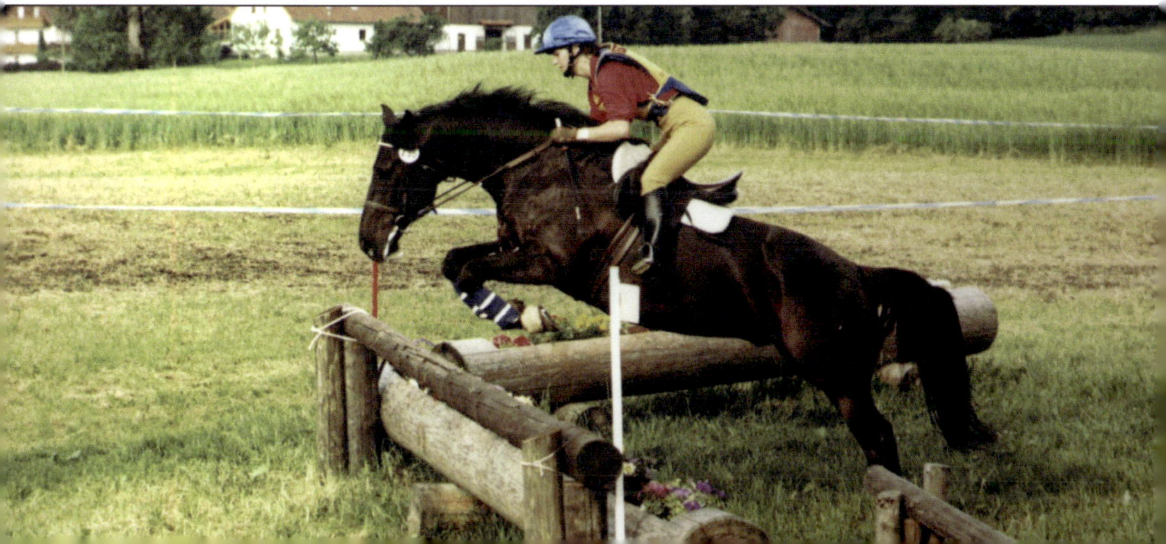

8.3. Training der Ausdauerkraft, Kraftausdauer

Ausdauerkraft und Kraftausdauer werden vom Dressurpferd am meisten gefordert. Entweder trainiert man sie mit der Methode der Dauerleistung oder der Intervallarbeit.

Die Dauerleistung fordert vom Pferd eine lang andauernde Kraftanstrengung. Zum Beispiel reitet man jeden zweiten bis dritten Tag einige Minuten versammelten Trab. Man beginnt mit fünf Minuten und erweitert es Schritt für Schritt auf ca. 15 Minuten am Stück.

Eine andere Möglichkeit ist das Intervalltraining (Billat 2003). Hierbei plant man zwischen den einzelnen Belastungsintervallen Erholungspausen ein. Nehmen wir doch gleich das Beispiel: versammelter Trab. Beim Intervalltraining könnte man mit dreimal zwei bis drei Minuten versammelten Trabs beginnen. Zwischen den Trabreprisen lässt man sein Pferd einige Minuten Schritt gehen. Es soll sich jedoch nicht total von der Belastung erholen, sonst bietet das nächste Intervall keinen Trainingsreiz. Später werden dann die Intervalle auf dreimal vier Minuten, dreimal fünf Minuten usw. ausgedehnt.

Nützlich für das Training der Kraftausdauer sind Kletterberge im Gelände. Man kann sie in das Dauerleistungstraining einbeziehen, indem man das Pferd Stück für Stück einen größeren Berg erklimmen lässt, oder längere Strecken mit geringerer Steigung zügig hinauftrabt. Im Sinne der Intervallarbeit absolviert man mehrere Kletterreprisen mit Erholungspausen dazwischen. In beiden Fällen fördert das Klettern, sowohl die Muskelkraft als auch die Ausdauer des Herz-Kreislauf-Systems, ohne den Bewegungsapparat stark zu belasten.

8.4 Training der Reaktivkraft

Durch den schnellen Wechsel von Lektionen wird die Reaktivkraft gefordert. Ein gutes Beispiel ist die Erarbeitung der Wechsel von Sprung zu Sprung. Das Pferd wechselt permanent zwischen Sprungkraft und versammelter Maximalkraft. Dies erfordert ein großes Maß an Kraft und Muskelkoordination. Bevor ein Pferd dazu in der Lage ist Wechsel von Sprung zu Sprung zu absolvieren, muss es erst ganz behutsam über einzelne fliegende Wechsel und Wechseln nach mehreren Galoppsprüngen an die schnelle Abfolge der Wechsel von Sprung zu Sprung herangeführt werden.

Wichtige Punkte im Überblick:

- **Dressurpferde sollten über Maximalkraft, Schnellkraft, Kraftausdauer und Reaktivkraft verfügen.**
- **Versammelnde Lektionen benötigen Maximalkraft.**
- **Der Antritt in verschiedenen Lektionen verlangt Schnellkraft.**
- **Kraftausdauer wird für die Abfolge aller Dressurlektionen benötigt.**
- **Am anspruchsvollsten sind Lektionen, welche Reaktivkraft benötigen, wie zum Beispiel die Passage und die Wechsel von Sprung zu Sprung.**

Tipps:

- Verwenden Sie viel Zeit auf das Krafttraining.
- Für die Dressur benötigt man alle Kraftkomponenten. Es hat sich jedoch bewährt, sich im Training auf die Verbesserung einzelner Faktoren zu konzentrieren.
- Loten Sie aus, in welchem Bereich Ihr Pferd Defizite hat. Lässt es sich noch nicht so gut versammeln, dann fehlt es meist an Maximalkraft, hat es Probleme beim Zulegen, so könnte es an der Maximalkraft und der Schnellkraft liegen.
- Es ist hilfreich, wenn Sie beim Erkennen der Defizite Hilfe von außen erhalten. Denn manchmal sieht ein unabhängiger Fachmann den Knackpunkt viel besser.
- Wenn Sie sich darüber im Klaren sind, woran es am meisten mangelt, bauen Sie die entsprechenden Trainingsmittel für diese Kraftkomponente vermehrt in den Trainingsplan ein.

Weiterführende Literatur:

Billat VL. 2003. Interval Training for Performance: A Scientific and Empirical Practice. Special Recommendations for Middle- and Long-Distance Running. Part I: Aerobic Interval Training. Sports Med, 31 (1): 13-31.

Zatsiorsky VM. und Kraemer WJ. 2008. Krafttraining. Praxis und Wissenschaft. Meyer und Meyer Verlag, Aachen

9. Schnelligkeitstraining

Schnelligkeit ist auch für das Dressurpferd sehr wichtig. Dabei unterscheidet man generell zwischen Reaktionsschnelligkeit und Bewegungsschnelligkeit. Reaktionsschnelligkeit wird hier hauptsächlich bei der Reaktion auf die Hilfen des Reiters und beim Antritt in verschiedenen Lektionen gefordert. Je schneller das Pferd auf die Reiterhilfen zu reagieren vermag, umso klarer sind zum Beispiel die Übergänge zwischen verschiedenen Lektionen und desto präziser werden die Bewegungsaufgaben ausgeführt. Schon in der Grundausbildung des Pferdes kann man häufige Gangartwechsel fordern: Zum Beispiel drei Schritte Schritt, drei Tritte Trab, drei Schritte Schritt usw. Später kann das Pferd an der langen Seite der Reitbahn in einer Gangart mehrmals zugelegt und eingefangen werden. Eine hervorragende Schulung für die Reaktion auf den seitlich treibenden Schenkel, und den verwahrenden Schenkel ist es, das Pferd im Schritt, Trab und Galopp auf dem Zirkel wechselweise drei Schritte verkleinern und drei Schritte vergrößern zu lassen.

Im Allgemeinen jedoch ist das beste Training für schnelle, feine Reaktionen auf Reiterhilfen, die konsequente Einhaltung der Reihenfolge „leichte Hilfe - starke Hilfe - Strafe“ schon zu Beginn jeglicher Ausbildung. Sehr bald wird das Pferd präzise auf leichte Hilfen reagieren lernen.

Die Bewegungsschnelligkeit ist im großen Maße Typ bedingt. Pferde die höher im Blut stehen, zeigen häufig eine größere Bewegungsschnelligkeit als ruhige Warmblutpferde. Doch auch die Bewegungsschnelligkeit lässt sich trainieren. Als großen Pluspunkt bringen ruhige Vertreter meist auch ein besseres Nervenkostüm mit. Hat man bei den nervigen Vollblutpferden häufig das Problem, dass sie sich bei jeder stärkeren Hilfe verspannen, so kann man den ruhigen Warmblüter schon mal stärker zu Mitarbeit auffordern. Zusätzlich zur unbedingten Forderung auf sofortige Reaktion auf Reiterhilfen können Spring- und Geländetraining ebenfalls die Bewegungsschnelligkeit schulen. Mit zunehmender Kraft werden auch die Bewegungsabläufe fließender und schneller.

10. Ausdauertraining

Frey und Hildenbrandt (1994) definieren Ausdauer in ihrem Lehrbuch „Einführung in die Trainingslehre“ wie folgt:

Unter Ausdauer versteht man die psychische und physische Ermüdungswiderstandsfähigkeit der Sportlerinnen und Sportler. Das meint die Fähigkeit, Ermüdung zu verhindern, hinauszuschieben, während der Belastung möglichst gering zu halten oder wieder zu verringern und auch, sich nach der Belastung schnell erholen zu können.
Die psychische Ausdauer im kognitiven und emotionalen Bereich ist charakterisiert durch die Fähigkeit, einem Reiz, der zur Verminderung oder zum Abbruch einer Beanspruchung auffordert, möglichst lange widerstehen zu können. Auch bei körperlichen Belastungen spielt diese Form der Ermüdungswiderstandsfähigkeit eine erhebliche Rolle.
Mit physischer Ausdauer ist die Ermüdungswiderstandsfähigkeit des gesamten Organismus oder einzelner Teilsysteme gemeint.
Die wesentlichen Säulen der Ausdauerleistungsfähigkeit sind die Qualität die Transportkapazität des Herz-Kreislauf-Systems, die Qualität der peripheren Sauerstoffausnutzung und die Stoffwechselkapazität.

Alle von Frey und Hildenbrandt (1994) genannten Faktoren gelten auch für den Reitsport und lassen sich hervorragend trainieren. Auch das Dressurpferd benötigt ein gewisses Maß an Ausdauer, vor allem wenn es in mehreren Dressurprüfungen an einem Turnier eingesetzt werden soll. Dem Training von Kraftkomponenten kommt Ausdauer ebenfalls zugute. Mangelnde Ausdauer zwingt zu frühzeitigem Abbruch des Trainings. Zum Beispiel ermüdet ein Pferd mit schlechter Ausdauerleistungsfähigkeit schon in der Lösungsphase, ein gezieltes Krafttraining ist anschließend nicht mehr möglich. Kraftausdauer kommt dem Training der Kraft fordernden Lektionen also zugute. Ohne diese wäre es zum Beispiel nicht möglich, über lange Zeit versammelnde Lektionen zu fordern und die intramuskuläre Koordination zu trainieren.

Die geforderte psychische Ausdauer finden wir bei Pferden, die hinlänglich als Leistungspferde bezeichnet werden. Diese sind psychisch bereit an die Grenzen ihrer körperlichen Leistungsfähigkeit zu gehen, ohne ständig dazu aufgefordert zu werden. Ansonsten würden sie sich schon bei der geringsten Belastung verweigern.

Um Ausdauer zu trainieren, gibt es eine Reihe von Trainingsmethoden. Hier möchte ich nun noch einmal ausführlich auf die zwei populärsten Trainingsmethoden, die der Dauerleistung und des Intervalltrainings eingehen.

10.1. Das Dauerleistungstraining

Ganz generell beinhaltet es einen Trainingsreiz, der über längere Zeit in gleicher Intensität gesetzt wird.

Für die Messung der Intensität dieses Trainingsreizes sind zwei Messgrößen ausschlaggebend. Einerseits die Messung der Milchsäure (Lactat) im venösen Blut und anderseits die Messung der Herzfrequenz während der erbrachten Leistung. Den Trainingsreiz kann man gering halten, sodass der Muskelstoffwechsel permanent im aeroben Bereich (bei ca 130-140 Herzfrequenz/min) stattfindet. Der Lactatwert sollte unter 4 mmol/l bleiben. Trainiert man in diesem Bereich, so befindet man sich sozusagen auf der sicheren Seite. Man vermeidet generell in den anaeroben Bereich, und somit in die Muskelübersäuerung abzurutschen. Besonders für Freizeitsportler und untrainierte Personen wird dieser Trainingsbereich empfohlen (Marées, 1994 / Frey und Hildenbrandt, 1994). Um eine gute aerobe Grundlagenausdauer aufzubauen, ist dies absolut ausreichend. Für Leistungssportler in der Leichtathletik wird als idealen Ausdauerreiz ein Training im gehoben aeroben / anaeroben Übergangsbereich (ca. 160 - 170 Herzfrequenz pro Minute) angesehen. Das sogenannte Schwellentraining. Die Schwelle vom aeroben zum anaeroben Muskelstoffwechsel ist individuell recht unterschiedlich. Unter anderem hängt sie vom Trainingszustand und vom Alter der Person ab. Liegt die Schwelle bei untrainierten Personen bei einer Herzfrequenz von ca. 160 Hf/min so kann sie beim Hochleistungssportler bis auf 185 Hf/min steigen (Marées, 1994 / Frey und Hildenbrandt, 1994). Das Schwellentraining birgt jedoch die Gefahr der Muskelübersäuerung, das heißt, einen Laktatwert von über 4 mmol/l zu erreichen. In der Tat werden

Trainingserfolge schneller erzielt, wenn man gelegentlich bis an die aerob-anaerobe Schwelle trainiert. Gerade im Training mit Pferden wird sich dies auch gar nicht vermeiden lassen. Eine Herzfrequenz von über 185 pro Minute beansprucht dagegen eindeutig den anaeroben Muskelstoffwechsel. Ein regelmäßiges Training in diesem Bereich verstößt gegen alle Vernunft.
Christine Heipertz-Hengst (1999) empfiehlt unter tierärztlicher Kontrolle, die individuelle maximale Herzfrequenz eines jeden Pferdes zu bestimmen und daraus den individuellen aeroben / anaeroben Übergangsbereich zu ermitteln. Nach ihren Erfahrungen kann man die beim Pferd gemessenen Hf-Werte in fünf große Trainingszonen einteilen. Für die gängigen Trainingszonen gibt Christine HeipertzHengst (1999) an:

„Bei Trainingsbeginn werden die Zonen 1 bis 3 überwiegen, später ergänzt durch die Zonen 4 und 5 - um die aerobe Kapazität auszudehnen und präzises Schnelligkeitstraining einzubauen-, gefolgt von Erholungsphasen in Zone1. Ein gültiges Rezept oder feste Regeln, z. B. wie oft und wie lange für ein bestimmtes Ziel in welcher Zone belastet werden soll, gibt es nicht.

	Bezeichnung	% der Hfmax	Hf/min für Ihr Pferd	Aktivität
Z 1	Erholung	50-60%	115-138	Schritt, Trab
Z 2	leichte Bewegung	60-70%	139-161	Trab
Z 2	Steady-State	70-80%	162-184	ruhiger Galopp
Z 4	Anaerobe Schwelle	80-90%	185-207	Galopp
Z 5	max. Kapazität	90-100%	208-230	Renngalopp

	Einstufung	Hauptzweck	Stoffwechsel	Energiesystem	Muskelfasertyp
Z 1	sehr leicht	Erholung Gesundheit	aerob	Fette	langsam
Z 2	leicht	Fitness	aerob	optimale Fettverbrennung	langsam
Z 3	mittel bis anstrengend	Leistung	überwiegend aerob	Fette und Kohlenhydrate	überwiegend langsam
Z 4	anstrengend	Leistungssteigerung	Mischung von aerob und anaerob	überwiegend Kohlenhydrate	Mischung von langsam + schnell
Z 5	sehr anstrengend	Wettkampf	kaum aerob höchst anaerob	Kohlenhydrate	kaum langsam überw. schnell

Ideal für ein Dauerleistungstraining sind Reitplatz und Rennbahn oder lange, gleichmäßig ansteigende Strecken im Gelände. Auf der Rennbahn bietet sich zunächst ein gleichmäßiges ruhiges Galopp- oder Trab-Tempo an. Nach einigen Trainingseinheiten sollte man entweder das Tempo langsam anheben, oder die Strecke verlängern. Hat man keine Rennbahn, so kann man auch in der Reitbahn regelmäßig Galopp oder Trabintervalle einplanen, die sich gezielt verlängern lassen. Hier ist es ratsam das Tempo über längere Zeiten nicht zu stark zu forcieren, da das Reiten auf Wendung in hohem Tempo auf Dauer den Bewegungsapparat zu stark beansprucht. Als Trainingsreiz können die Trab- und Galoppintervalle ebenso verlängert werden. Wichtig ist sowohl auf dem Reitplatz als auch auf der Rennbahn, dass der Reiter das Gefühl hat, sein Pferd werde bei gleichmäßigem Tempo allmählich müde. Ist dies nicht der Fall, so sollte er entweder das Tempo anheben, oder zu einer anderen Trainingsmethode übergehen.

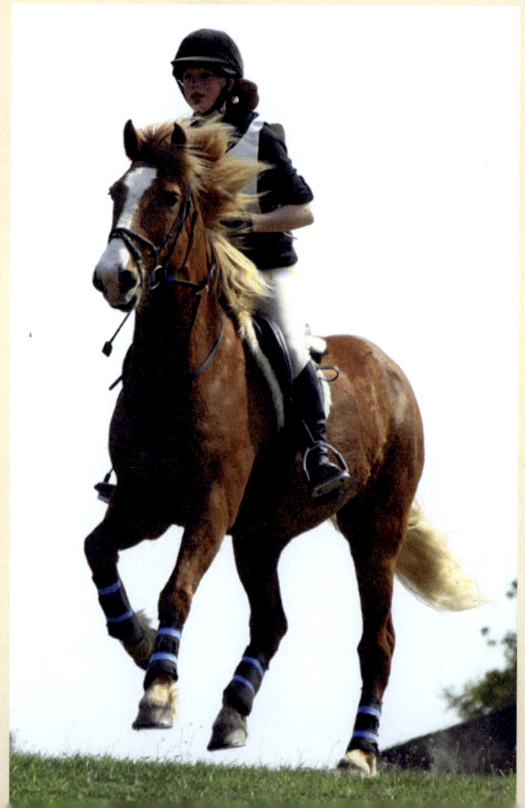

10. 2. Das Intervalltraining

Es bietet für den Reitsport hervorragende Möglichkeiten, Ausdauertraining flexibel zu gestalten. Intervallmethoden lassen sich sowohl auf der Rennbahn, bei der Verbesserung der Grundrittigkeit als auch bei jeglicher Dressurarbeit einplanen. Ihr Charakteristikum ist ein stetiger Wechsel zwischen Leistungs- und Erholungsintervallen. In der Leichtathletik ist der Wert des Intervalltrainings in Bezug auf die aerobe Grundlagenausdauer seit Neuerem wieder umstritten. Man hat sich schnelleren und größeren Leistungszuwachs als vom Dauerleistungstraining versprochen. Dieser blieb jedoch aus. Deswegen raten einige Autoren der Trainingslehre wieder zum guten alten Dauerlauf zurückzukehren (Marées, 1994).

Im Reitsport würde man beim Intervalltraining z. B. auf der Rennbahn zwischen Strecken in hohem Tempo und Erholungsphasen in ruhigem Tempo wechseln. Für das Dressurtraining ergeben sich ideale Möglichkeiten. Ein Wechsel zwischen stark ermüdenden Lektionen und Schritt - oder Lösungspausen, lässt sich recht abwechslungsreich gestalten. Dem Ausbildungsstand des Pferdes angepasst kann man einige Minuten an einer neuen Lektion üben, etwas Erholungspause gönnen, danach das Üben der Lektion neu aufgreifen, und wieder etwas pausieren usw. Die Erholungsphase zwischen den Leistungsintervallen darf nicht zu lange dauern. Das Pferd soll sich von der Belastung nicht total erholen, sonst kommt kein Trainingsreiz zustande. Nach und nach wird das Pferd die neue Lektion immer länger und ermüdungsfreier ausführen können.

Als abwechslungsreiche Variante des Intervalltrainings ist die Trainingsmethode des Fartleks in der Leichtathletik weit verbreitet. Fartlek bedeutet im skandinavischen „Fahrtspiel“, und beinhaltet einen Geländelauf mit unterschiedlichen Tempi und Belastungen. Eigentlich ist dies für das Pferd nichts anderes als ein Ausritt in einem möglichst abwechslungsreichen Gelände. Nur sollte der Reiter sich im Voraus eine Geländestrecke aussuchen, die der momentanen Kondition des Pferdes entspricht. Variieren kann er die Strecke z. B. indem er das Pferd einen leicht ansteigenden Berg einmal hinauf traben, ein andermal ruhig hinauf galoppieren lässt. Fordert die gewohnte Geländestrecke die Ausdauerleistungsfähigkeit des Pferdes nicht mehr, so sollte man sich überlegen, ob man vielleicht nicht noch einige Klettereinheiten oder flotte Trabstrecken einbauen kann. Gerade im Gelände wird der Bewegungsapparat des Pferdes so vielfältig gefordert, dass es für viele Lektionen des Dressursports Nutzen verspricht.

Beim Thema Ausdauertraining möchte ich noch einmal auf die „lohnende Pause“ zu sprechen kommen. Die meisten Sportler tun des Guten gerne etwas zu viel. Jeder von uns hat einmal einen schlechten Tag und auch das Pferd hat einmal ein Leistungstief. Ein feinfühliger Reiter merkt sofort, dass an solchen Tagen einfach „nichts geht“. Gehen Sie mit Ihrem Pferd einfach ein bisschen spazieren und machen am nächsten Tag mit dem Trainingsplan weiter. Ein „lauer Tag“ wirft bestimmt nicht das ganze Trainingskonzept über den Haufen, aber trägt manchmal viel zum Wohlbefinden von Ross und Reiter bei.

Wichtige Punkte im Überblick:

- **Pferde benötigen psychische und physische Ausdauer.**
- **Ausdauer kann im Dauerleistungstraining oder im Intervalltraining verbessert werden.**
- **Für Ausdauertraining bietet sich die Rennbahn, das Gelände oder auch der Reitplatz an.**

Tipps:

- Ausdauertraining sollten Sie mit Ihrem Dressurpferd nicht zu exzessiv betreiben, denn für die Dressur benötigt es primär Kraft.
- Ausdauertraining kann großen Nutzen für die Psyche des Pferdes haben (psychische Ausdauer). Nervöse Pferde macht es ruhiger, und faule Pferde arbeitswilliger.
- Für das Dauerleistungstraining sind lange Wege ideal. Hier können Sie Ihr Pferd ruhig im gleichmäßigen Tempo vorwärts reiten.
- Intervall-Ausdauertraining lässt sich auch gut in die tägliche Dressurarbeit einbauen.
- Vergessen Sie die Pausen nicht, sonst rutschen Sie schnell in den Übertraining-Effekt und Ihr Pferd baut eher ab als auf.

Weiterführende Literatur:

Billat VL. 2003. Interval Training for Performance: A Scientific and Empirical Practice. Special Recommendations for Middle- and Long-Distance Running. Part I: Aerobic Interval Training. Sports Med, 31 (1): 13-31.

Heipertz-Hengst C. 1999. Pferde richtig trainieren. Cadmos, Lüneburg.

11. Beweglichkeitstraining

Hier möchte ich nur kurz etwas zum Beweglichkeitstraining schreiben. Von vielen Reitsportlern wird die Dressur gerade zu diesem Zweck betrieben. Eine korrekte Ausbildung des Pferdes nach der Skala der Ausbildung (siehe Richtlinien für Reiten und Fahren Band I) ist sicherlich die beste Beweglichkeitsschulung für das Pferd. Zusätzlich haben sich in den letzten Jahren etliche Physiotherapeuten Gedanken zu Stretching-Methoden für das Pferd gemacht. Für Leistungspferde aber auch für manch ein Freizeitpferd sind sie sicherlich von großem Nutzen um entstandene Verspannungen und körperliches Unwohlsein zu lindern. Es sprengt jedoch den Rahmen des Buches auf diese Theorien und vielleicht zusätzlich noch auf Akupunktur, Akupressur und viele andere Methoden einzugehen.

Weiterführende Literatur:

Ettl R. 2008. Horse-Agility - Spielerisch und anspruchsvoll trainieren. Müller-Rüschlikon, Stuttgart.

Gösmeier I. 1999. Akupressur für Pferde. Kosmos Verlag, Stuttgart.

Götz C. 2008. Praxishandbuch Freispringen Gymnastik, Training, Abwechslung. Cadmos Verlag Brunsbeck.

Schmid-Neuhaus A. 2000. Das große Fitnessprogramm für Pferde. Kosmos Verlag, Stuttgart.

12. Leistungskontrolle

Zu Beginn eines jeglichen Trainings sollten Ausbilder und Reiter sich ein objektives Bild über den tatsächlichen Ausbildungsstand des Pferdes machen. Der Bericht des Vorbesitzers ist nicht immer sehr aussagekräftig, vor allem gibt er keinen Aufschluss über eventuelle Lücken in der Ausbildung des Pferdes. Die Gefahr ein Pferd aus Unwissenheit zu überfordern ist recht groß und führt oft zu irreparablen Problemen. Besonders bei scheinbaren Selbstverständlichkeiten kommen einem, übersprungene Ausbildungsschritte gar nicht in den Sinn.

Deswegen haben sich nicht nur im Leistungssport, sondern auch im Schul- und Breitensport „allgemeine sportmotorische Tests zur Feststellung von Bewegungsmängeln" bewährt (Meyners, 1982). Der Sinn dieser Tests ist eine regelmäßige Überprüfung der Bewegungsqualität. Am Beispiel der Traversale könnte sie wie folgt aussehen:

Überprüfung der Bewegungsqualität: Traversale

- **Phase 1:**
  Überprüfung der Seitenbiegung im Schulterherein an der Bande und auf der Diagonalen.
  A: Schritt | B: Trab | C: Galopp
- **Phase 2:**
  Überprüfung der Reaktion auf den seitwärts treibenden Schenkel bei mehrmaligem Umstellen zwischen Schulterherein links und Schulterherein rechts, z. B. durch die Länge der Bahn geritten.
  A: Schritt | B: Trab | C: Galopp
- **Phase 3:**
  Überprüfung des Travers an der langen Seite und der Traversale durch die ganze Bahn im Schritt.

- Phase 4:
  Erarbeitung des Travers an der langen Seite und traversalartigen Verschiebungen durch die ganze Bahn im Trab und im Galopp, noch mit wenig Biegung und Versammlung.
- Phase 5:
  Überprüfung der Reaktion auf die Reiterhilfen bei der Ausführung einer Zickzacktraversale durch die Länge der Bahn im Trab.
- Phase 6:
  Verbesserung der Biegung und Versammlung von Travers und Traversale im Trab und Galopp.

Grundlage der regelmäßigen Überprüfung ist eine schriftliche Niederlegung der exakten Ausführung der Bewegungselemente.
In Phase 1 könnte es etwa so lauten:

Protokoll Bewegungsqualität
Traversale Phase 1:

- 1. Woche:
  Reaktion auf seitwärts treibende Schenkel gut, weicht jedoch noch mit der Hinterhand nach außen aus. Auf beiden Händen Anlehnung an die Reiterhand noch inkonstant.
- 2. + 3. Woche:
  Reaktion auf seitwärts treibende Schenkel nach wie vor gut, weicht jedoch noch auf der rechten Hand mit der Hinterhand nach außen aus, links gute Anlehnung an die Reiterhand, rechts noch inkonstant.
- 4. Woche:
  Reaktion auf seitwärts treibende Schenkel gut. Biegung auf beiden Händen gut (weicht nicht mehr nach außen aus).

Wichtige Punkte im Überblick:

- Regelmäßige objektive Beurteilungen des Leistungsstandes sind wichtig.
- Für die Objektivität und die Erhaltung der Beurteilung ist es ratsam, den Leistungsstand schriftlich niederzulegen.
- Die Messung von Herzfrequenz und Atmung unterstützt den individuellen Eindruck vom Trainingszustand des Pferdes.
- Ein Pferd mit guter Kondition sollte 10 Minuten nach der Belastung in etwa wieder Werte von 100 Hf/Min und 16 Atmung / Min zeigen.

Tipps:

- Verlassen Sie sich nicht auf Berichte von Ihren Vorgängern, sie können lückenhaft sein.
- Sind Sie sich bei der Beurteilung unsicher, ziehen Sie unbeteiligte Fachleute zurate. Gerade wenn man ein Pferd schon lange trainiert, hat man manchmal ein verzerrtes Bild von seinen Stärken und Schwächen.

Weiterführende Literatur:

Heipertz-Hengst C (1999) Pferde richtig trainieren. Cadmos, Lüneburg.

13. Kurze Anmerkung zum Doping

Im modernen Wettkampfsport sind heute mithilfe eines guten Trainingskonzepts wesentlich größere Leistungen zu erreichen. Doch bei jahrelanger Belastung, womöglich noch ohne Regenerationspausen, sind auch beim Pferd körperliche Grenzen gesetzt. Kein Wunder, dass es sehr verlockend ist, gerade vor wichtigen Turnieren kleine Leistungseinbrüche mit pharmakologischen Hilfsmitteln zu überbrücken. Diese kurzfristige Überbrückung wird ganz schnell zur Dauerunterstützung, und ehe man sich versieht, ist die Leistungsfähigkeit des Pferdes von Medikamenten regelrecht abhängig.

Doch auch im menschlichen Leistungssport ist die Frage „Erfolg um jeden Preis?“ ständig aktuell (Frey und Hildenbrandt, 1994). Umso mehr sollten wir uns überlegen, ob wir Doping unserem Pferd antun wollen. Der Schmerz ist ein sinnvoller Schutzmechanismus des Körpers. Er signalisiert, dass einzelne Strukturen oder der gesamte Organismus, an der Leistungsgrenze angelangt sind. Ich denke es ist die Aufgabe eines verantwortungsbewussten Reiters auch den Schmerz seines Pferdes ernst zu nehmen. Verwässert man die Schmerz-Symptomatik des Körpers mit Medikamenten, so wird dieser schnell in die Selbstzerstörung getrieben. In der Folge entstandene Schäden sind oft irreparabel und führen dazu, dass Pferde entweder das beste Hochleistungsalter gar nicht erreicht, oder, ihre Karriere frühzeitig abbrechen muss.

Gedopte Pferde bringen zusätzlich nicht nur sich, sondern auch ihren Reiter in Gefahr. Ihre Wahrnehmungsfähigkeit und ihre Belastbarkeit sind oft derart eingeschränkt, dass ihre Reaktionen unberechenbar für den Reiter sind.

14. Trainingsplan

14.1. Laufbahn-Planung

Trainingspläne müssen vom Reiter mit oder ohne Beratung durch den Trainer für jedes Pferd ganz individuell erstellt werden. Neben dem Alter, der Leistungsfähigkeit, dem Ausbildungsstand des Pferdes und der Abfolge der angestrebten Wettkämpfe muss auch der Terminkalender des Reiters in den Trainingsplan einfließen. Grundsätzlich sollten Trainingspläne langfristig angelegt sein. Möglichst früh sollte man sich über die angestrebte Laufbahn des Pferdes Gedanken machen. Zu frühe Spezialisierung, ein zu hohes Trainingspensum und zu häufige Teilnahme an Turnieren in den ersten Jahren kann zu frühzeitigem Verschleiß und Leistungsverweigerung des Pferdes führen. Überforderte Pferde erreichen leider oft das beste Hochleistungsalter nicht.

Das Grundlagentraining soll möglichst abwechslungsreich gestaltet werden. Hierzu können so viele Trainingsmittel wie möglich eingesetzt werden. Vor einer zu frühen Spezialisierung warnen schon die „alten Reitmeister". Auch in der Leichtathletik wird im Grundlagentraining hauptsächlich auf eine vielseitige Ausbildung von Kraft, Ausdauer, Schnelligkeit und Beweglichkeit Wert gelegt.

Grundlagentraining, Aufbautraining und (Hoch) Leistungstraining sollen im Idealfall in ein bis zweijährigen Abständen aufeinanderfolgen. Bis zur Klasse L kann ein gutes Pferd durchaus parallel in Dressur, Springen und Vielseitigkeit eingesetzt werden (Springorum, 1986). Bei sehr guten Pferden ist in vielen Fällen erst im Übergang von Klasse L zur Klasse M die „wahre" Eignung zu erkennen. Hier setzt das Aufbautraining ein. Die Trainingsintervalle werden stärker spezialisiert, das Pensum langsam angehoben und die Anzahl der Wettkämpfe nimmt zu.

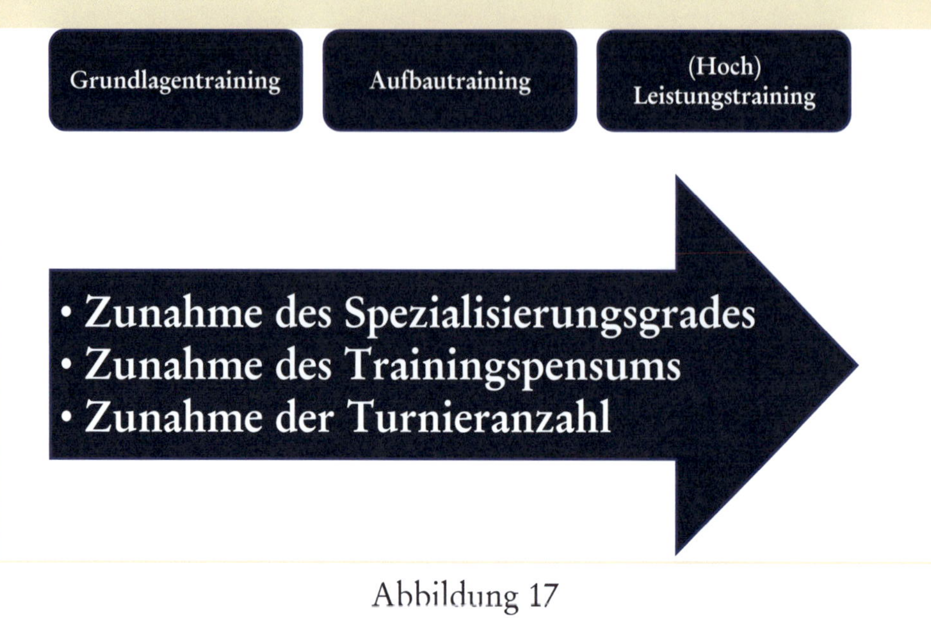

Abbildung 17
Die langfristige Trainingsplanung
(modifiziert nach G. Frey und E. Hildenbrandt, 1994)

Nach ein bis zweijähriger Ausbildung schließt an das Aufbautraining ein Leistungstraining an. Erst in dieser Stufe macht es Sinn das Training der physikalischen Leistungsfaktoren, welche da wären Kraft, Ausdauer, Schnelligkeit und Beweglichkeit, speziell auf die gewählte Sportart (in diesem Fall „Dressur") auszurichten.

Besonders im Dressursport werden zum Teil gegensätzliche Leistungen gefordert. Einerseits braucht das Dressurpferd Kraft, Kraftausdauer und Reaktionskraft, andererseits eine gute Portion Ausdauer und zudem noch ein gutes Maß Beweglichkeit. Deshalb bedingt die Vielfalt der geforderten Fähigkeiten im Leistungssport ein abwechslungsreiches Training.

Ganz nebenbei erwähnt sollte die körperliche Fitness des Reiters ungefähr der des Pferdes entsprechen. Ein Berufsreiter hat damit sicher keine Probleme. Doch Amateure, und besonders solche, die im Beruf stark beansprucht werden, profitieren davon sich gelegentlich auch einmal Gedanken über Ausgleichstraining zu machen.

Wichtige Punkte im Überblick:

- **Eine Laufbahnplanung sollte breit gefächert angelegt werden.**
- **Die „wahre" Begabung talentierter Pferde stellt sich oft erst beim Sprung von L auf M raus.**

Tipps:

- **Begutachten Sie die „wahre" Eignung Ihres Pferdes in den Jahren der Grundausbildung kritisch. Es ist keine Schande eingestehen zu müssen, sich mit der Begabung des dreijährigen „Dressurpferdes" vertan zu haben. So ist es schon vielen guten Ausbildern vor Ihnen ergangen.**
- **Zur Begabung eines Hochleistungspferdes gehört auch die psychische Begabung und gerade bei dieser kann man sich am meisten täuschen. So kann ein Pferd in der Bewegungskapazität noch so talentiert sein, wenn es nicht die Nervenstärke für den Turniersport mitbringt. Anders herum kann mittelmäßiges Talent bis zu einem sehr hohen Level mit Fleiß und Ehrgeiz ausgeglichen werden.**

14.2. Jahres-Trainingsplan

Getrennt von der „übergeordneten Laufbahn-Planung“ werden jedes Jahr differenzierte Trainingspläne erstellt. Üblicherweise unterteilt man das Jahr in drei Perioden:

- **Vorbereitungperiode**
- **Turnierperiode**
- **Regenerationsperiode**

Die Vorbereitungsperiode umfasst in der Regel vier bis sechs Monate. In ihr wird an allen vier physischen Leistungsfaktoren gearbeitet, wobei die Kraft und die Ausdauer den größten Raum einnehmen. Sinn der Vorbereitungsperiode ist es, dass junge Pferde gegen Ende der vier bis sechs Monate ihre Vorjahresleistung übertreffen, und Hochleistungspferde dasselbe Niveau, wie im Vorjahr erreichen. Die Intensität des Trainings sollte jedoch so gewählt werden, dass sich nicht schon vor der Turnierperiode eine generelle Müdigkeit breitmacht. Außerdem lohnt es sich, alle vier Wochen ein paar Tage Belastungspause einzuplanen.

Erst in der Turnierperiode wird die physische und psychische Hochform angestrebt. Es empfiehlt sich wegen der anstrengenden Turniere das Ausdauer- und Krafttraining zu reduzieren und vermehrt an intramuskulärer Koordination und Beweglichkeit zu arbeiten. Insgesamt werden in der Regel zwei bis maximal drei Leistungsgipfel eingeplant. Oft werden sie von der Ausrichtung der wichtigen Turniere vorgegeben. Aber manchmal ist man auch in der Lage zwischen wichtigen Veranstaltungen auszuwählen. Optimal ist natürlich eine Verteilung der Leistungsgipfel über die gesamte Turnierperiode. Regenerationsphasen zwischen den drei Leistungshochs helfen, Vitalität und Gesundheit über die gesamte Turniersaison zu sichern.

Nicht nur Vielseitigkeits- und Springpferde, sondern auch Dressurpferde, benötigen am Ende eines jeden Turnierjahres eine Phase der physischen und besonders auch der psychischen Regeneration. Nach dem letzten Turnier sollte man jedoch langsam mit dem Trainingspensum zurückgehen. Der Organismus eines Hochleistungspferdes hat sich während der Trainingsphase an die Belastung gewöhnt. Wenn man sie zu schnell zurückschraubt, wird das Pferd mit Stoffwechsel- und besonders mit Kreislaufproblemen reagieren. Zwei bis drei Wochen dauert es mindesten, bis sich Kreislauf und Verdauung auf leichte Arbeit eingestellt haben. Diese leichte Arbeit kann sich auf Geländeritte und regelmäßig lösende Arbeit erstrecken, und sollte über einige Wochen beibehalten werden. Die Erfahrung hat gezeigt, dass Pferde nach einer „aktiven Pause" positiver in die neue Turniersaison starten als nach einer „passiven Pause".

Schwierig wird es, wenn ein Pferd sowohl in der Freiluftsaison als auch in der Hallensaison eingesetzt wird. Hier ist das Gefühl von Reiter und Trainer noch stärker gefragt. Um Verletzung und Demotivation durch zu starke Belastung zu vermeiden, müssen bei Anzeichen von Übertraining, wie Schlafstörung, Appetitmangel, Gewichtsabnahme und Ruhepulsanstieg sofort Regenerationsphasen eingeschoben werden.

Im Anhang ist ein Beispiel für einen Jahresplan eines M-S Dressurpferdes mit Turniereinsatz in der Freiluftsaison abgebildet. Wochenpläne für eine typische Woche in der Aufbauphase, in der Turnierpause, und eine Möglichkeit die Turnierwoche zu gestalten, sind dem Jahresplan angehängt. Es wird jedoch davor gewarnt, diese Pläne zu kopieren. Vielmehr sollen sie Anregung zur Gestaltung eines individuellen Trainingsplanes geben.

Wichtige Punkte im Überblick:

- Teilen Sie Ihr Jahr in Vorbereitungsperiode, Turnierperiodeund Regenerationsperiode ein.
- Wenn Pferde sowohl in der Freiluft- als auch in der Hallensaison eingesetzt, liegt es an Ihnen zwischendurch eine Regenerationsperiode einzuplanen, damit das Pferd nicht irgendwann hoffnungslos ausgebrannt ist.

Tipps:

- Als Daumenregel sollte die Turnierperiode zwei bis drei Leistungshöhepunkte aufweisen.
- Überlegen Sie sich zu Anfang des Jahres, auf welchen wichtigen, „großen“ Turnieren Sie reiten wollen, und gruppieren Sie kleinere Turniere jeweils in zwei Wochen Abständen rund um diese Säulen-Termine.
- Sollte Ihr Pferd in der Saison Fitnessprobleme haben, so lassen Sie lieber mal ein Turnier ausfallen.

15. Spezielle Aspekte der Trainingslehre für Dressurpferde der Klasse M+S

15.1. Lösen

Die lösende Arbeit spielt im Training aller Pferde, und auch noch bei Hochleistungspferden der Klasse S, eine große Rolle. Bei Letzteren sollte sich allerdings die Lösungsphase zu Beginn der Arbeit, im Vergleich zu der Arbeit von jungen Pferden, deutlich verkürzt haben. Doch ist sie immer noch notwendig.

Die Lösungsphase ist gleichzusetzen mit dem Aufwärmtraining der Leichtathleten. Sie versetzt den Organismus in Leitungsbereitschaft. Dabei pendelt der Energiestoffwechsel sich in einem aerob / anaeroben

Pferd im Arbeitstrab in der Lösungsphase

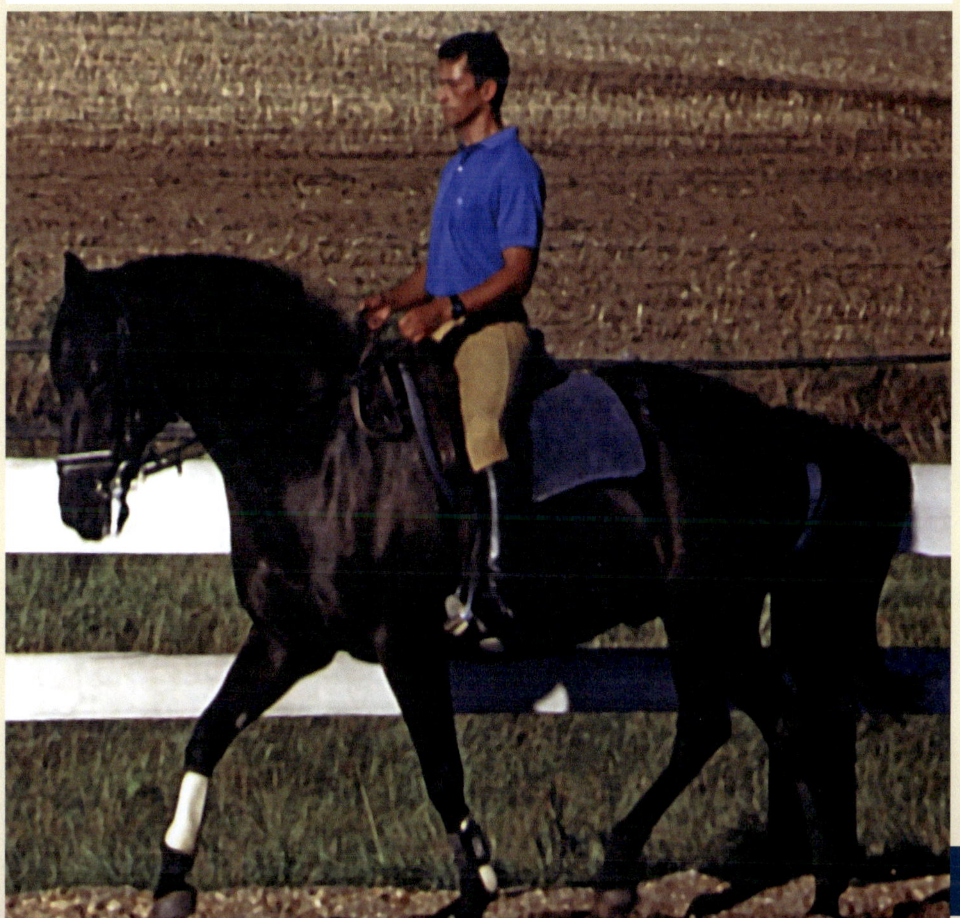

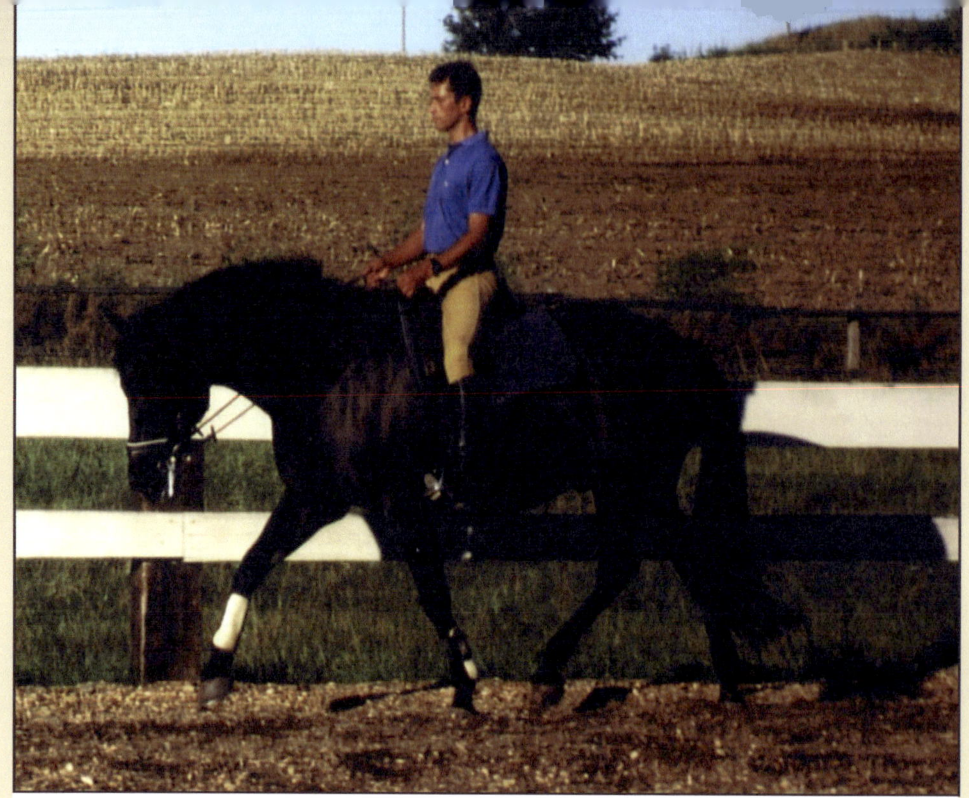

Ebenfalls Arbeitstrab in der Lösungsphase. Pferd kaut nach vorwärts- abwärts heraus. „Zügel aus der Hand kauen lassen“ hilft einerseits in der Lösungsphase, andererseits ist es eine gute Überprüfung der Losgelassenheit auch während des Dressurtrainings.

Gleichgewicht auf Leistungsniveau ein und das Herz-Kreislauf-System wird vermehrt angeregt. In der Folge wird der gesamte Bewegungsapparat vermehrt durchblutet und der Organismus kann belastet werden, ohne Schaden zu nehmen.

Doch auch zwischen den einzelnen Belastungsphasen sind Lösungsphasen immer wieder nötig. Hier haben sie jedoch eine andere Funktion. Sie geben dem Organismus die Möglichkeit seine Phosphorreserven wieder aufzufüllen und Stoffwechselprodukte abzutransportieren. Auch zur psychischen Entspannung nach vorausgegangener Anspannung tragen Lösungsintervalle bei. Nach einer sinnvollen Lösungspause ist das Pferd zu neuen Leistungen bereit, falls es noch nicht erschöpft ist.

An Ruhetagen verhilft maßvolle lösende Dressurarbeit zu einer schnellen Regeneration. Der Organismus wird vermehrt durchblutet und Stoffwechselprodukte der vergangenen Leistungsphase schneller abgebaut.

15.2. Verstärkungen

Die Verstärkungen im Trab, Galopp und in gewissem Maße auch im Schritt, hängen in erster Linie von der Kraft des Pferdes ab. Benötigt wird hauptsächlich Schubkraft, und zwar sowohl normale Schubkraft als auch Ausdauerschubkraft. Hierbei werden primär Muskelgruppen zur Streckung der Gelenke beansprucht. Welches im Gegensatz zur Versammlung steht, dessen Charakteristikum das Halten des Körpergewichtes auf einem gut gewinkelten Hinterbein ist. Aus diesem Grund bietet es sich an, im Training zwischen dem Reiten von Verstärkungen und versammelnden Lektionen zu wechseln. Denn in der Verstärkung belastete Muskelgruppen können sich während des Trainings versammelnder Lektionen erholen und umgekehrt.

Gängige Methoden Verstärkungen im Dressurtraining zu erarbeiten werden in der Folge kurz dargestellt:

- **Die eleganteste Art Verstärkungen zu erarbeiten lässt sich mit Pferden durchführen, die sich gut versammeln lassen. In der Versammlung verschiebt sich der Körperschwerpunkt auf die Hinterhand, die Schulter wird deutlich entlastet. Legt man nun aus der Versammlung wenige Tritte zu, so erreicht man, dass der Schub aus der Hinterhand erfolgt. Die Vorhand kann durch die Aufrichtung auf die Hinterhand freier und raumgreifender treten. Zu Beginn wird das Pferd nach einigen Tritten jedoch wieder auf die Vorhand fallen. Es emp-**

fiehlt sich also nur einige Tritte zuzulegen und die Anzahl der Tritte mit steigender Kraft zu erhöhen. Diese Methode ist für die Vorhand sicherlich die schonenste, jedoch hat sie den Nachteil, dass sie einen hohen Ausbildungsstand des Pferdes voraussetzt.

- Erarbeitung der Verstärkung auf großen gebogenen Linien (z. B. Zirkel mit 30 m Durchmesser). Bei manchen Pferden ist es leichter, jeweils ein Hinterbein zum stärkeren Abfußen anzuregen. Dies ist am besten auf der gebogenen Linie möglich. Allerdings kommt anfangs, zu der kaum vermeidbaren Belastung der Vorhand, noch eine Dreh- und Kippbewegung der Gliedmaßen hinzu.
- Reiten von Verstärkungen (hauptsächlich Trab) auf einem großen Reitplatz oder einer großen Reithalle (mindestens 25 m * 50 m) ganze Bahn. Einige Pferde fangen erst an kraftvoll ihre Tritte zu verlängern, wenn sie merken wie unangenehm es ist längere Zeit auf der Vorhand zu laufen. Diese Methode hat jedoch dieselben Nachteile wie das Reiten von Verstärkungen auf der Zirkellinie.
- Training von Verstärkungen in Serien, z. B. 4 x 1 lange Seite zulegen, danach Pause, danach noch einmal 4 x 1 lange Seite zulegen, etc. Neben dem Training der Schubkraft kann so auch die Rittigkeit beim Zulegen und Einfangen gut verbessert werden. Diese Methode bietet sich jedoch mehr für Pferde an, die sich mit Verstärkungen leicht tun.

15.3. Fliegende Wechsel

Das Training von fliegenden Wechseln verlangt vom Pferd hauptsächlich Reaktions- und Bewegungsschnelligkeit. Zu Beginn der Ausbildung, beim Erlernen einzelner fliegender Wechsel, steht die Reaktionsschnelligkeit im Vordergrund. Denn eine präzise Ausführung des fliegenden Wechsels, genau am Punkt, hängt von der schnellen Reaktion auf feine Reiterhilfen, und der Kraft den Bewegungsablauf auszuführen ab.

Reaktionsschnelligkeit ist zwar im großen Maße eine angeborene Fähigkeit jedoch kann sie durch Training um 10 bis 20 Prozent gesteigert werden. Während des Trainings des einfachen fliegenden Wechsels als Einfachreaktion, in Verbindung mit gezieltem Krafttraining, lassen sich die Reaktionszeit, das Konzentrationsvermögen und die Zuverlässigkeit der Reaktion verbessern.

Folgende Punkte können zum Training der fliegenden Wechsel beitragen.
Krafttraining:

- **Allgemeines Grundlagentraining.**
- **Abwechslungsreiches Gelände mit Kletterbergen.**
- **Springen von Einzelsprüngen und Reihen aus dem Trab.**

Training der Reaktionsschnelligkeit:

- **Konsequente Einhaltung der Reihenfolge: leichte Hilfe - starke Hilfe - Strafe.**
- **Sofortige Reaktion auf Reiterhilfen fordern.**
- **Lektionen (z. B. Übergänge) in kurzen Zeitabständen aufeinanderfolgen lassen.**
- **Wechsel zum Erlernen des Bewegungsablaufes ruhig im freien Tempo reiten (Kraft für versammelten Wechsel ist noch nicht vorhanden).**
- **Fliegende Wechsel im leichten Sitz über den Sprüngen oder zwischen den Sprüngen reiten.**

Umso enger die Abfolge ist, in der das Pferd lernt fliegende Wechsel zu springen, desto mehr Kraft und Bewegungsschnelligkeit verlangt es von ihm. Zunächst braucht es Kraft ganz allgemein, und schließlich Reaktivkraft für die Bewegungsschnelligkeit und Kraftausdauer in der Versammlung beim Springen von Tempi-Wechseln.
Eine korrekte Geraderichtung kommt dem Springen von Tempiwechseln entgegen. Es ermöglicht nicht nur eine geschickte Ausführung des Bewegungsablaufes, sondern auch die gleichmäßige Verteilung der Kraftanstrengung auf beide Hinterbeine. Hierbei kommt es mehr auf die Optimierung als die Maximierung des Kraftniveaus an, was weitgehend durch die Verbesserung der intramuskulären Koordination gelingt.
Genauso wichtig wie die Steigerung der Kraft ist eine Verbesserung der Technik und der maximalen Bewegungsfrequenz. Nachfolgende Punkte können Anhalt zur Verbesserung geben.

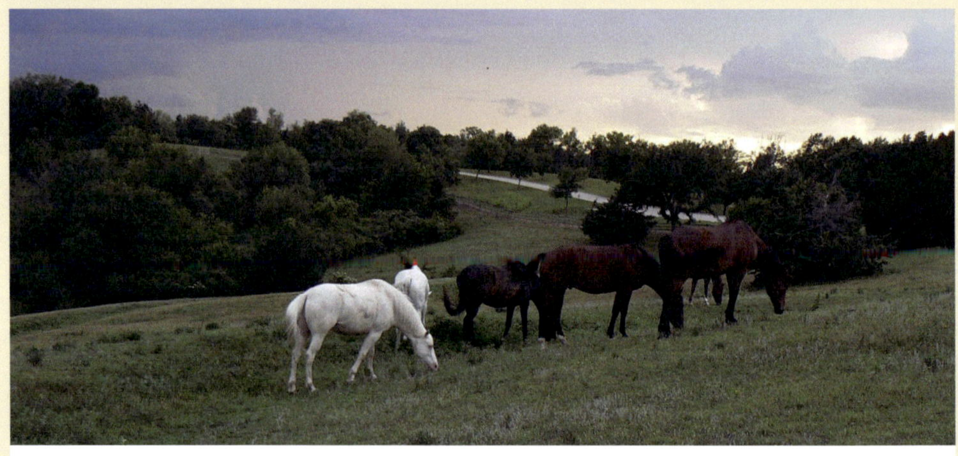

Regelmäßiger Weidegang wirkt ergänzend zum Konditionstraining und steigert die Arbeitsbereitschaft

Konditionstraining:

- Allgemeines Krafttraining wie für Reaktionsschnelligkeit.
- Dressurtraining mit Erarbeitung und Festigung der Versammlung.
- Geländetraining mit verlängerten Kletterstrecken.
- Springtraining hauptsächlich aus dem Trab.
-

Techniktraining:

- Verfeinerung der Reiterhilfen.
- Forderung von fliegenden Wechseln im versammelten Galopp.
- Reiten der einzelnen fliegenden Wechsel in unterschiedlichen Situationen (beim Springen, im Gelände, auf unterschiedlichen Böden, auf gebogenen Linien etc.).

Training der Bewegungsfrequenz:

- Forderung von Übergängen in hoher Frequenz (z. B. drei Schritte Schritt, drei Sprünge Galopp, drei Schritte Schritt, usw.).
- Allmähliche Steigerung der Frequenz der Tempiwechsel (Tempiwechsel á 6 Sprünge bis hin zu Wechseln von Sprung zu Sprung)
- Training der Tempiwechsel in Serien z. B.
  - * Serie 1:
    Vicrmal eine lange Seite Tempiwechsel
    Pause: 10-15 Minuten
  - * Serie 2: wie Serie 1
    Pause: 10-15 Minuten
  - * Serie 3: wie Serie 1

15.4. Traversale

Die Grundlage für eine korrekte Traversale, gleichgültig ob im Trab oder im Galopp, sind Ausdauerkraft für die Versammlung und Beweglichkeit. Im Vergleich zu anderen Lektionen, die ähnliche Fähigkeiten verlangen, sollte man jedoch für das Training der Traversalen die seitliche Kippbewegung der Gliedmaßen in Betracht ziehen. Bei untrainierten Pferden belastet dies nicht nur Sehnen und Bänder sondern in ganz besonderem Maße die Gelenke. Ein erheblicher Druck tritt punktuell, einseitig und bei zunehmender Gangart vermehrt auf die Seitenflächen der Gelenkknorpel auf. Ein Großteil dieser Belastung betrifft bei Traversalen, welche ohne Versammlung geritten werden, die Vorhand. Umso mehr jedoch der Körperschwerpunkt des Pferdes durch die Versammlung auf alle vier Gliedmaßen verteilt wird, desto gleichmäßiger gestaltet sich deren Belastung in der Traversale.

Die beste Möglichkeit den Bewegungsapparat auf diese spezielle Belastung vorzubereiten findet sich im Gelände. Lässt man Pferde ganz bewusst einmal quer zum Hang klettern, so treten ähnliche Belastungen wie in der Traversale auf. Aber Vorsicht! Auch dieses

Tipps, bewährte Übungen:

- **Reiten von Travers und Traversale im Schritt, erst wenn der Bewegungsablauf beherrscht wird im Trab und Galopp.**
- **Häufiges Umstellen, z. B. das Reiten einer Zick-Zack-Traversale fördert die Beweglichkeit des Pferdes und seinen Gehorsam auf die Reiterhilfen.**
- **Travers und Traversalen lassen sich gut mit anderen Seitengängen kombinieren, z. B. Kurzkehrt - Traversale / Schulterherein - Traversale etc. Auch hier wird die Beweglichkeit geschult. Nebenbei trainiert es die Feinabstimmung auf die Reiterhilfen.**

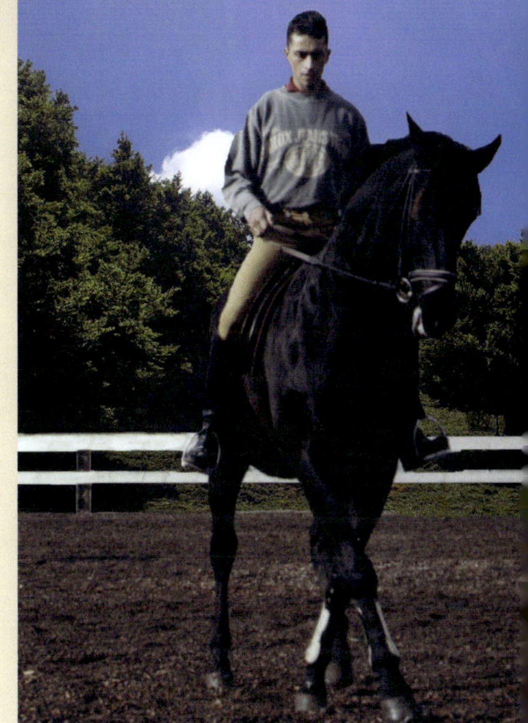

Deutlich sichtbar ist die Kippstellung der Gliedmaßen in der Traversale, und somit die ungleiche Belastung von Sehnen, Bändern und Gelenken

Training muss gut dosiert werden. Pferde, die sich zuvor nur auf ebenem Boden bewegt haben, ziehen sich sonst leicht eine Bänderdehnung zu. Nach und nach wird jedoch jedes Pferd immer trittsicherer und kann ohne Schaden zu nehmen längere Zeit quer zum Berg laufen.

Das Krafttraining für Traversalen entspricht dem für versammelnde Lektionen (siehe unter: Piaffe) Ich möchte darauf nicht noch einmal eingehen. Besonderheiten ergeben sich jedoch im Beweglichkeitstraining für Traversalen.

Nach einer Periode des Beweglichkeitstrainings braucht das Pferd wieder eine Entspannungspause. Im Schritt kann das Training der Traversalen hervorragend in die Lösungsphase eingebaut werden. Sinnvollerweise fordert man dann Seitengänge im Schritt, abwechselnd mit "Zügel aus der Hand kauen lassen" in allen drei Gangarten.

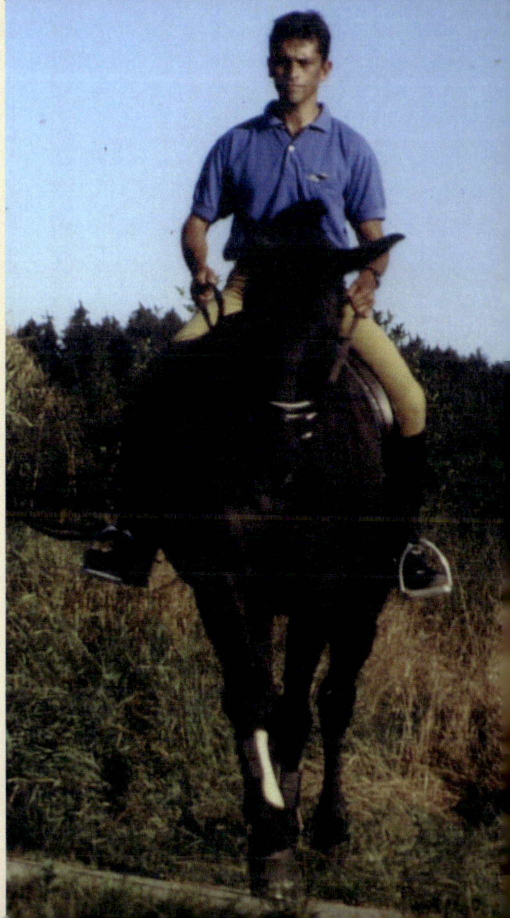

Eine ähnliche Belastung wie in der Traversale wirkt auf die Gliedmaßen des Pferdes quer zum Hang.

15.5. Piaffe

Piaffe als eine der am stärksten versammelnden Lektion verlangt vom Pferd hauptsächlich Kraft und wenn sie länger ausgeführt wird, Kraftausdauer. Das Erlernen der Piaffe stellt die größte Schwierigkeit in Bezug auf den Energiestoffwechsel des Muskels dar. Zu Beginn reicht die Kraft / Kraftausdauer nämlich noch nicht aus, um ein aerob / anaerobes Fließgleichgewicht aufzubauen. Deswegen wird die Piaffe in der Anfangsphase hauptsächlich im anaeroben Bereich ausgeführt. Viel Milchsäurebildung und somit baldig einsetzende Ermüdung der Muskulatur ist die Folge. Verfügt das Pferd, nach erfolgreichem Training, jedoch über die nötige intramuskuläre Koordination und genügend . so kann es ohne Ermüdung über längere Zeit piaffieren.
Es gibt jedoch eine gute Lösung für das Problem des Erlernens der

Anpiaffieren eines trainingsmäßig jungen Pferdes an der Doppellonge

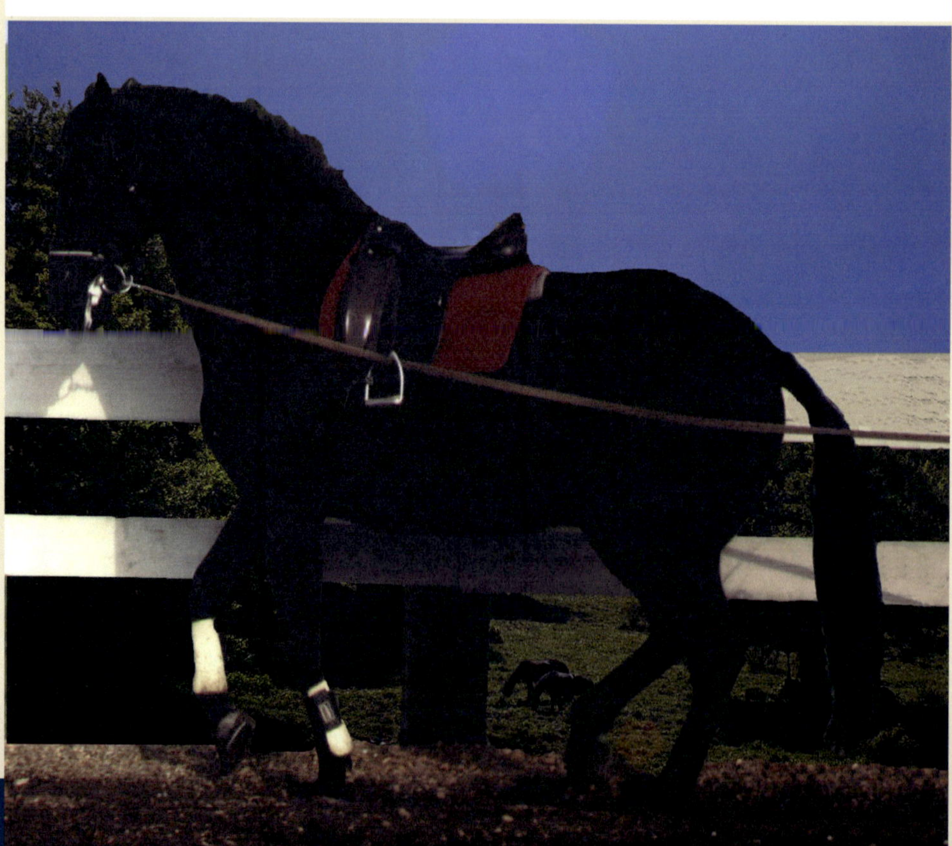

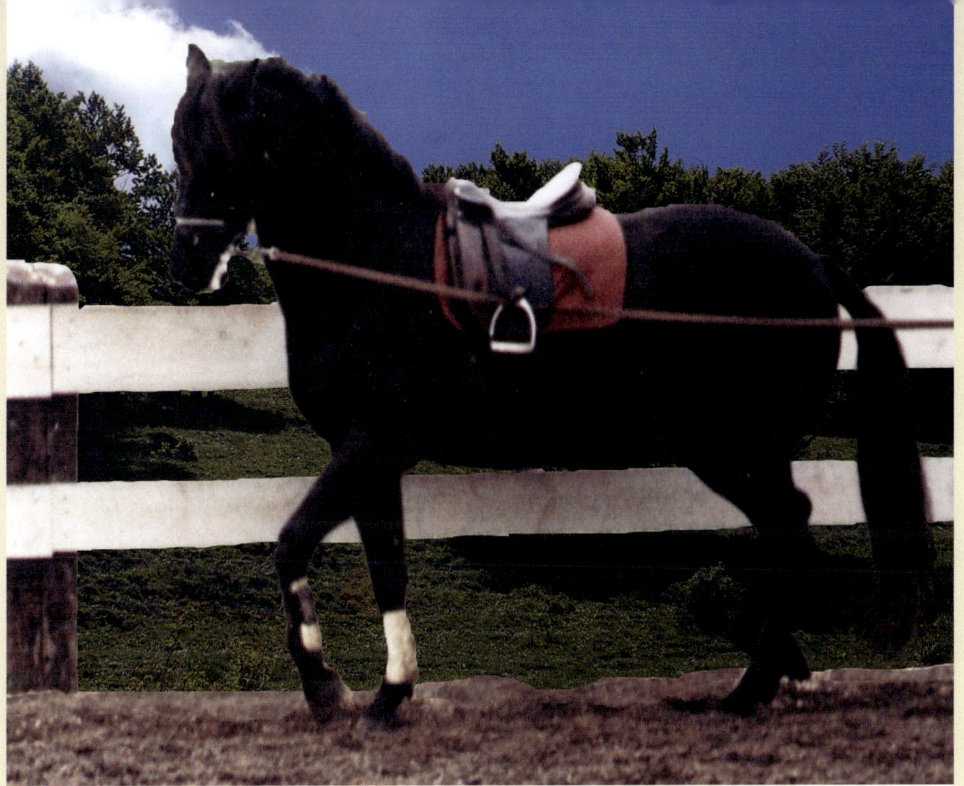

Beim Versuch die Hankenbeugung des Standbeines zu demonstrieren geht dem Pferd die Kraft aus. Es weicht mit der Hinterhand seitlich aus, anstatt vermehrt unter den Schwerpunkt zu treten

Piaffe (auch: Anpiaffieren). So wird in der Praxis schon seit Generationen das Anpiaffieren in halben Tritten, sprich mit der Forderung nur eines einzigen Piaffe-Tritts eines diagonalen Beinpaars, begonnen. Gerade aus der Sicht der Sportlehre ist dies durchaus sinnvoll. Fordert man nämlich eine Kraftanstrengung nur für 2-4 Sekunden, so kann der Energiebedarf des Muskels über die vorhandenen Phosphorreserven, in Form von Kreatinphosphat, abgedeckt werden. Gönnt man dem Organismus im Anschluss einige Minuten Pause, so können sich die Energiereserven wieder auffüllen. Der Muskel-Stoffwechsel erreicht somit den anaeroben Bereich erst gar nicht, und die Gefahr der Übersäuerung der Muskulatur ist gebannt.

In den kurzen Phasen der Forderung höchster Kraftentfaltung wrden hauptsächlich die Verbesserung der intramuskulären Koordination und ein Zuwachs an Sarkomeren in den Muskelfasern erarbeitet. Mit ausreichend langen Zwischenpausen kann man ein Pferd in einer Stunde mehrere Male anpiaffieren. Die Muskelkoordination verbessert sich parallel zur Zubildung von Sarkomeren in den Muskelfasern schon nach 5 Tagen. Ganz allmählich wird das Pferd in der Lage sein, ganze Tritte, und später taktreine, akzentuierte Piaffetritte in Serie zu zeigen. Nun ist sein Organismus in der Lage den Energieverbrauch aerob abzudecken. Es entsteht auch bei längerem Piaffieren kaum noch Milchsäure. Unterstützen kann man das Krafttraining für die versammelnden Lektionen durch viel Klettertraining im Gelände. Ein Geländetraining im Sinne der Methode des Fartleks kommt dem Training der Kraftkondition sehr entgegen.

Ganz zu Anfang des Anpiaffierens birgt die Handarbeit großen Nutzen in sich. Halbe Tritte an der Hand fordern noch nicht so viel Kraft wie unter dem Reiter, da Letzterer nicht noch zusätzlich ausbalanciert werden muss. Es bietet sich an eine Piaffe mit mehreren Tritten zunächst an der Hand zu erarbeiten und unter dem Reiter danach noch einmal mit halben Tritten zu beginnen. Anderseits kann man das Pferd auch parallel an der Hand und unter dem Reiter ausbilden.

15.6. Passage

Die Passage verlangt vom Pferd Reaktivkraft. Diese Kraft ist in der Trainingslehre noch relativ neu (Frey und Hildenbrandt, 1994). Im Fall der Passage wechselt das Pferd permanent zwischen Kraftentfaltung in der versammelten Körperhaltung und Schubkraft. Eben diese Fähigkeit, möglichst schnell und ermüdungsfrei vom kraftvollen Halten des Körpergewichts in den Vorwärtsschub zu wechseln, wurde in der Trainingslehre als Reaktivkraft charakterisiert. Man geht heute davon aus, dass es sich um eine eigenständige Kraftform handelt. Dies würde erklären, warum Pferde die sich gut versammeln lassen, nicht unbedingt passagieren können. Umgekehrt gibt es junge Pferde, die bei der kleinsten Aufregung passageartige Tritte zeigen, obwohl sie sich noch nicht versammeln können.

Es ist zu verlockend die Passage mit jungen Pferden zu reiten, welche dieselbe als natürliches Imponiergehabe anbieten. Doch können die meisten jungen Pferde sich noch nicht mit korrekter Hankenbeugung versammeln. Allzu häufiges Reiten der Passage in diesem Stadium führt deshalb leicht zur Überbeanspruchung und Verschleiß der Sprunggelenke.

Zum Training der Reaktivkraft ist es sinnvoll kombiniert die Schubkraft (siehe Verstärkungen) und die Ausdauerkraft zur Versammlung (siehe Piaffe) zu trainieren. Für Pferde die von Natur aus zu Schwebetritten neigen, ist die Passage am leichtesten aus dem versammelten Trab heraus zu entwickeln. Pferde, die sich gut versammeln lassen und somit viel Kraft haben, aber nicht über so viel Elastizität verfügen kann man leichter aus der Piaffe heraus anpassagieren, indem man sie aus der Piaffe heraus kraftvoll antreten lässt, aber mit der Kreuzhilfe weiterhin zur Versammlung auffordert.

Wie immer sollte man auch die Passage in kleinen dosierten Schritten trainieren, um eine Überlastung der für die Reaktivkraft benötigten Strukturen des Bewegungsapparates zu vermeiden.

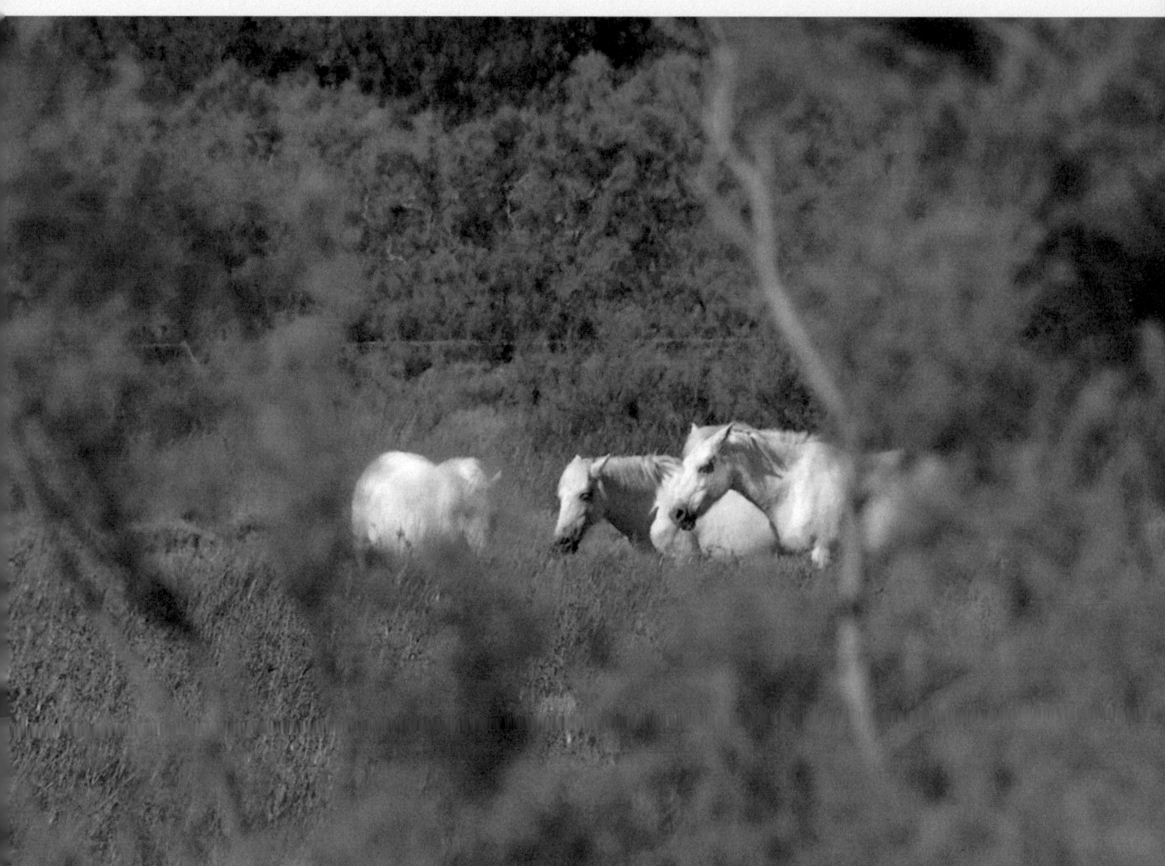

Am besten erholen sich Pferde in Gruppen auf der Weide.

Glossar

Klassische Reitausbildung / Reitkunst

Gemeint ist hiermit die traditionelle Reitausbildung bzw. Reitkunst, wie sie z. B. die Wiener Hofreitschule oder die Deutsche Kavallerie Reitschule Hannover vermittelte. Moderne oder auch althergebrachte „Hau-Ruck-Verfahren“, welche gerne das Deckmäntelchen der „klassischen Ausbildung“ angehängt bekommen, lehnen wir entschieden ab. In letzteren Ausbildungs-Methoden werden notwendige, meist zeitaufwendige Ausbildungsschritte zulasten der Pferde übersprungen.

Reiten in Stellung

Reiten in Stellung bezieht sich in der klassischen Reitausbildung auf die Lektion „Schultervor“. Wie etliche Dressurreiter sicher schon wissen, handelt es sich hierbei um die Vorstufe von „Schulterherein“. Beim Schultervor ist das gesamte Pferd eine hufbreit weniger um den inneren Schenkel des Reiters gebogen. Von vorne betrachtet fußt das äußere Vorderbein nicht wie beim Schulterherein exakt vor dem inneren Hinterbein, sondern zwischen den zwei Hinterbeinen. Früher nannte man dies das Reiten in erster Stellung. In etlichen modernen Reitlehren bezieht sich das Reiten in Stellung jedoch auf die Forderung, das Pferd im Genick auch auf gerader Linie mit der Hand nach innen oder außen zu stellen.

Hankenbeugung

Nennt man die Abwinkelung der oberen Gelenke der Hinterhand, sprich des Hüftgelenks, Kniegelenks und Sprunggelenks bei einer korrekten Versammlung. Eine Abwinkelung der Hintergliedmaße nur aus dem Sprunggelenk heraus, und somit ohne Hankenbeugung, beobachtet man häufig bei untrainierten oder überlasteten Pferden.

Einerwechsel

Umgangssprachlich, inzwischen üblicher Begriff für fliegende Galoppwechsel von Sprung zu Sprung.

Tempi-Wechsel

Bezeichnet die Abfolge von Galoppwechseln in definierten Abständen, z. B. alle 6 Galopp Sprünge, alle 5 Galopp Sprünge, bis hin zu Wechseln von Sprung zu Sprung (Einerwechsel).

Zirkel verkleinern und vergrößern

Dies ist eine hervorragende Übung und kann in allen drei Gangarten geritten werden. Hierbei ist es wichtig, dass das Pferd in Bewegungsrichtung auf der Kreisbahn des Zirkels gebogen bleibt. Auf einen Druck des inneren Schenkels vergrößert es die Kreisbahn und auf den Druck des äußeren leicht verwahrenden Schenkels verkleinert es den Zirkel. Die Übung wird umso schwieriger je höher die Gangart und je schneller der Wechsel zwischen Verkleinern und Vergrößern gewählt wird. Besonders nervöse Pferde neigen im Galopp dazu, auf den wechselnden seitlichen Druck davon zu stürmen. Hierbei sollte der Reiter sich große Mühe geben immer wieder konsequent auf das Davonstürmen zunächst mit den Kreuzhilfen und erst dann mit durchhaltenden Paraden zu reagieren. Ziel der Übung sollte es sein: dass das Pferd auch ohne korrigierende Handeinwirkung willig auf gebogener Linie dem Druck des jeweiligen Schenkels folgt. Ist dieses Ziel erreicht, so bietet das Zirkelverkleinern und vergrößern für alle Pferde eine gute Übung für den Schenkelgehorsam und für die Schnelligkeit der Reaktion auf wechselnde Hilfen im Allgemeinen. Zum Beispiel haben wir diese Übung sogar auf Turnier gerne im Springparcours zwischen Einreiten und Start des Parcours geritten, um die Rittigkeit kurz vor der Prüfung noch einmal zu überprüfen.

„Zügel aus der Hand kauen lassen“

Hierbei handelt es sich einerseits um eine Lektion, die in Turnierprüfungen der Klasse A verlangt wird, anderseits aber für jedes Pferd sowohl für die Ausbildung in allen Reitweisen als auch in allen Ausbildungsstufen ein absolutes „Muss“ darstellt. In dieser Lektion sollte das Pferd aus der Arbeitshaltung heraus seinen Kopf vorwärts abwärts strecken. Hierbei sollte der Widerist des Pferdes der höchste Punkt sein. Zudem sollte das Pferd weder seinen Schwerpunkt noch seinen Takt oder sein Tempo verändern.

Einerseits dient das Zügel aus der Hand kauen lassen der Kontrolle der Losgelassenheit und der reellen Anlehnung an die Reiter Hilfen. Zu jedem Zeitpunkt der auf die Lösungsphase folgenden Arbeit sollte eine korrekte Ausführung dieser Lektion möglich sein. Ist dies nicht mehr der Fall, so empfiehlt es sich, eine kurze Lösungsphase in die Arbeit einzubauen. Zudem hat die Lektion einen hohen gymnastischen, entspannenden und erholenden Wert. In allen Ausbildungsstufen bietet das „Zügel aus der Hand kauen lassen“ den Pferden eine Regenerationsphase zwischen anstrengenden Trainingsintervallen.

Literaturverzeichnis

Allen DG (2004) Skeletal muscle function: role of ionic changes in fatigue, damage and disease. Clin Exp Pharmacol Physiol, 31(8):485-93.

Billat VL (2003) Interval Training for Performance: A Scientific and Empirical Practice. Special Recommendations for Middle- and Long-Distance Running. Part I: Aerobic Interval Training. Sports Med, 31 (1):13-31.

Böning D (2003) Muskelkater. Med Monatsschr Pharm, 26(5):167-71.

Brügger A (1980) Die Erkrankungen des Bewegungsapparates und seines Nervensystems. Gustav Fischer, Stuttgart.

Brügger A (1980) Gesunde Körperhaltung im Alltag. Dr. A. Brügger, Zürich.

Cannon WB (1932) The wisdom of the body. Norton, New York.

Darwin C (1842) THE FOUNDATIONS OF THE ORIGIN OF SPECIES. CAMBRIDGE UNIVERSITY PRESS, London.

Deutsche Reiterliche Vereinigung e.V.(FN), Miesner S, Putz M, Plewa M (2005) Richtlinien für Reiten und Fahren – Band 1. Fn-Verlag, Warendorf.

Diacont K, Löffler A (2006) Richtiges Training - Gesundes Pferd: Anatomisches Grundwissen für Reiter und Ausbilder. Müller-Rüschlikon, Stutgart.

Ettl R (2007) Pferde gut in Form - Richtiges Training für Fitness und Gesundheit. Müller-Rüschlikon, Stuttgart.

Ettl R (2008) Horse-Agility - Spielerisch und anspruchsvoll trainieren. Müller Rüschlikon Müller-Rüschlikon, Stuttgart.

Frey G, Hildenbrandt E (1994) Einführung in die Trainingslehre 1. Grundlagen. Hofmann, Schorndorf.

Gösmeier I (1999) Akupressur für Pferde Kosmos Verlag, Stuttgart.

Götz C (2008) Praxishandbuch Freispringen Gymnastik, Training, Abwechslung. Cadmos Verlag Brunsbeck.

Heipertz- Hengst C (1999) Pferde richtig trainieren. Cadmos, Lüneburg.

Ivers T (1983) The Fit Racehorse. Esprit Racing Team, Cincinnati OH.

Karl P (2007) Irrwege der modernen Dressur. Cadmos Verlag, Brunsbek.

Karstens H (1980) Das Military Pferd.

Klimke R (1967) Military. Geschichte, Training, Wettkampf. Franckh, Stuttgart.

Lamarck J-B (1909) Zoologische Philosophie, Mit Einleitung und Anhang: Das phylogenetische System der Tiere nach Haeckel. Kröner, Leipzig.

Leng V (1992) Das Vielseitigkeitspferd. Der Vielseitigkeitsreiter. Ausbildung, Training, Event. BLV Verlagsgesellschaft, München.

List M (2004) Physiotherapeutische Behandlung in der Traumatologie. Springer Verlag, Heidelberg.

Marees H de Sportphysiologie. Tropon, Köln.

Markworth P (1983) Sportmedizin: Physiologische Grundlagen. Rowohlt, Reinbek.

Meyners E (1982) Lernen nach dem Regelkreismodell. Sportlehre für Reiten und Fahren. Voltigieren. FN-Verlag, Warendorf, pp 21–36.

Müller-Wohlfahrt HW, Kübler U, Müller-Wohlfahrt HW (1998) Hundert Prozent fit und gesund. Das Geheimnis des gesunden Menschen. Heyne, München.

Oese E und A (1982) Pferdesport – Ein Handbuch für Trainer, Übungsleiter, Pferdezüchter und Aktive. Sportverlag, Berlin.

Opitz G (2005) Der Muskelschmerz. Schmerz und Akupunktur 3, 151 163.

Pikhala L (1930) Allgemeine Richtlinien für das athletische Training. In: C Krümel (ed) Athletik. Ein Handbuch der lebenswichtigen Leibesübungen. Lehmann, München, pp 185-198.

Proske U, Morgan DL (2001) Muscle damage from eccentric exercise: mechanism, mechanical signs, adaptation and clinical applica-

tions. J Physiol., 537(Pt 2):333-45.
Scheunert A, Trautman A (1987) Lehrbuch der Veterinär-Physiologie. Paul Parey Verlag, Berlin.

Schmid-Neuhaus A (2000) Das große Fitnessprogramm für Pferde. Kosmos Verlag, Stuttgart.

Schönfelder WD (1982) "Wertschätzung"– Voraussetzung für erzieherisches Verhalten im Voltigier- und Reitunterricht. Sportlehre für Reiten. Fahren. Voltigieren. FN-Verlag, Warendorf, pp 51–60.

Springorum B (1986) Hinweise zum Konditionstraining der Military-Pferde. FN-Verlag, Warendorf.

Stashak TS, Wissdorf H (2007) Adams' Lahmheit bei Pferden. Schaper Verlag M. & H, Hannover.

Steinbrecht G (1884) Das Gymnasium des Pferdes. Richard Schröder, Berlin.

Steiner M (1982) Biomechanics of tendon healing. J Biomech 15, 951–958.

Sturm P (1914) Brauchen wir Training und Wettkampf? Athletik Jahrbuch 1914. Selbstverlag der Deutschen Sport-Behörde für Athletik, Berlin.

Umminger W (1962) Helden, Götter, Übermenschen: Eine Kulturgeschichte menschl. Höchstleistungen. Econ-Verlag, Düsseldorf.

Zatsiorsky VM, Kraemer WJ (2008) Krafttraining. Praxis und Wissenschaft. Meyer und Meyer Verlag, Aachen.

Bildnachweis

folgende Bilder stammen von Wikipedia Commons, freigegeben unter
GNU-Lizenz für freie Dokumentation
Creative Commons Namensnennung-Weitergabe unter gleichen Bedingungen 3.0 Unported
Creative Commons Attribution 2.0 Generic
Creative Commons Attribution-Share Alike 2.1

Seite 5 - Photo von Eric Draper
Seite 12 - eingestellt durch Benutzer Patche99z
Seite 13 - eingestellt durch Benutzer Luis Fernández García
Seite 48 - eingestellt durch Benutzer MarkCat
Seite 48 - Photo von Ronald Yochum Ronjamin
Seite 76 - eingestellt durch Benutzer Thowra_uk
Seite 96 - eingestellt durch Benutzer Mongo
Andere Lizenzen:
Seite 65 oben Photo von Cerney
Seite 65 unten Pferdebildagentur Michael Schroeder / Angela Henke
Grafiken und andere Bilder Knut Krüger
Zeichnungen Dr. Konstanze Krüger

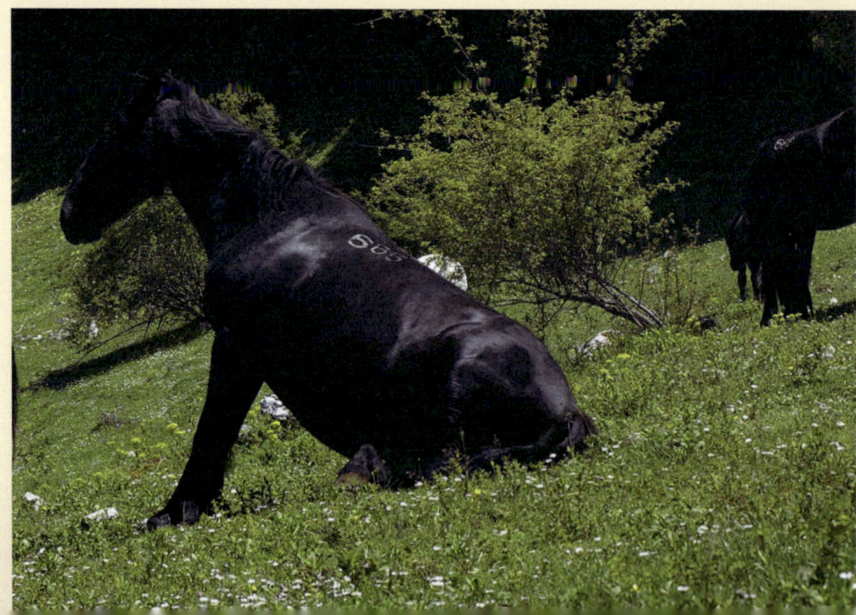

Jahresplan

			Turniere		Training
Januar	1. Woche			Aufbauperiode - Arbeit an den Grundlagen - Vermehrt Training von kraft und Ausdauer	Training: 1 x täglich umfangreicher als in Regenerationsphase 1 x pro Woche bis an die Leistungsgrenze Trainingsziel: Verbesserung von Anlehnung und Ausdauer Dressurarbeit, Geländetraining Trab und Kletterberg 1 x pro Woche Springtraining, Longe und Arbeit an der Hand
	2. Woche				
	3. Woche				
	4. Woche				Pause: lösende Arbeit, Spazierenritt mit Klettern, Longe
Februar	1. Woche				Training: 2 x pro Woche 2 x täglich sonst 1 x täglich - 2 x pro Woche bis an die Leistungsgrenze Trainingsziel: Verbesserung von Schwung und Ausdauer Dressurarbeit im freien Tempo Geländetraining größere Trabstrecken, Kletterberg wie in letzter Woche, Springtraining: hauptsächlich gymn.. Reihen, Longe
	2. Woche				
	3. Woche				
	4. Woche				Pause: lösende Arbeit, Spazierenritt mit langen Kletterstrecken, Longe
März	1. Woche				Training: 4 x pro Woche 2 x täglich sonst 1 x täglich - 3 x pro Woche bis an die Leistungsgrenze Trainingsziel: Verbesserung von Geraderichten, Kraft und Ausdauer Dressurarbeit: Seitengänge und versammelnde Lektionen, Handarbeit vers. Lektionen, Geländetraining: Kletterberge verlängern, Rennbahn auch im Galopp Springtraining: aus dem Trab und höhere Sprünge
	2. Woche				
	3. Woche				
	4. Woche				Pause: lösende Arbeit, Spazierenritt mit langen Kletterstrecken, Longe
April	1. Woche				Training: 5 x pro Woche 2 x täglich sonst 1 x täglich 3 x pro Woche bis an die Leistungsgrenze Trainingsziel: Verbesserung von Versammlung, Kraft und Ausdauer Dressurarbeit: Seitengänge und versammelnde Lektionen, Verstärkungen, Geländetraining: hauptsächlich klettern, Handarbeit versammelnde Lektionen, Springtraining: aus dem Trab
	2. Woche				
	3. Woche				
	4. Woche				Pause: lösende Arbeit, Spazierenritt mit langen Kletterstrecken, Longe
Mai	1. Woche	1. Leistungsperiode	Vorbereitungsturnier	Leistungsperiode von Mai bis Oktober Text siehe nächste Seite	Training: 2 x täglich außer Do. / Fr. 1x pro Woche bis an Leistungsgrenze Trainingsziel: Erhaltung von Kondition und Kraft - Verb. intramuskulärer Koord. und Beweglichkeit Dressurarbeit: Lektionen verbessern, Handarbeit Übergänge und Lektionen, Geländetraining: Spazierenreiten und eine Klettereinheit, Springtraining: 1 x pro Woche Reihen oder Cavaletti
	2. Woche				
	3. Woche		Vorbereitungsturnier		
	4. Woche				Pause: 2 x täglich leichte Arbeit Dressur, Springen, Gelände, Longe
Juni	1. Woche		Vorbereitungsturnier		wie vor der Pause
	2. Woche				
	3. Woche		Größeres Turnier z. B. Qualifikation. für Meisterschaft		
	4. Woche				Pause: 1 x täglich leichte Arbeit Dressur, Springen, Gelände, Longe

			Turniere		Training
Juli	1. Woche	2. Leistungsperiode		Leistungsperiode von Mai bis Oktober - Verbesserung der Lektionen - Erhalt von Ausdauer, Kraft - Arbeit an Beweglichkeit und intramuskulärer Koordination	wie erster Leistungsblock
	2. Woche		Vorbereitungsturnier		
	3. Woche				
	4. Woche		Vorbereitungsturnier		
August	1. Woche				
	2. Woche				
	3. Woche		Größeres Turnier		Pause: 1 x täglich leichte Arbeit Dressur, Springen, Gelände, Longe
	4. Woche				Pause: 2 x täglich lösende Arbeit, Spazierenreiten, Longe
September	1. Woche	3. Leistungsperiode			Training: 2 x täglich 3 x pro Woche bis an die Leistungsgrenze Trainingsziel: Korrektur von Fehlern an vergangenen Turnieren Lektionen reiten / Rittigkeit / Rennbahn / Handarbeit / Springen / Gelände 3 Klettereinheiten
	2. Woche				
	3. Woche		Vorbereitungsturnier		wie erster Leistungsblock
	4. Woche				
Oktober	1. Woche		Vorbereitungsturnier		
	2. Woche				Pause: 1 x täglich leichte Arbeit Dressur, Springen, Gelände, Longe
	3. Woche				wie erster Leistungsblock
	4. Woche		Größeres Turnier ev. Meisterschaft		
November	1. Woche			…tive Regenerationsphase	Abtrainieren: Übergang von 2 x täglich auf 1 x täglich Kein stark beanspruchendes Training wie Rennbahn exzessives Dressurtraining und Springtraining mehr.
	2. Woche				
	3. Woche				
	4. Woche				Erhaltung der Grundkondition, Takt Losgelassenheit 1 x täglich abwechslungsreiche Arbeit lösende Arbeit, Spazierenritte, Freispringen, Longieren
Dezember	1. Woche				
	2. Woche				
	3. Woche				
	4. Woche				

Beispiel für einen Wochenplan - Turnierwoche	
Montag	Vormittag: Dressurtraining - Verbesserung der Grundrittigkeit - Korrektur von 1-2 Lektionen Nachmittag: Spazierenreiten
Dienstag	Vormittag: Geländetraining - 2-3 Kletterberge, längere Strecke ruhiger Trab Nachmittag: Pause
Mittwoch	Vormittag: Dressurtraining - Festigung der am Montag erarbeiteten Korrekturen Nachmittag: Longe eventuell mit etwas Handarbeit
Donnerstag	Leichte Arbeit - Spazierenritte oder lösende Dressurarbeit eventuell Fahrt zum Turnierplatz - lösende Arbeit vor Ort
Freitag	**Turnier**
Samstag	**Turnier**
Sonntag	**Turnier**

Beispiel für einen Wochenplan - Aufbautraining	
	Trainingsziel: Versammlung, Kraft, Ausdauer
Montag	Vormittag: Dressurtraining -Versammelnde Lektionen bis an Leistungsgrenze Nachmittag: Longe
Dienstag	Vormittag: Geländetraining - Reiten eines Kletterberges Nachmittag: Lösende Arbeit
Mittwoch	Spazierenreiten ohne größere Belastung
Donnerstag	Vormittag: Fortsetzung der Dressurarbeit vom Montag bis an die Belastungsgrenze Nachmittag: Spazierenreiten
Freitag	Vormittag: Springtraining - Reihen + Sprünge aus dem Trab Nachmittag: Longe mit Handarbeit
Samstag	Vormittag: Dressurarbeit - Arbeit an der Grundrittigkeit Nachmittag: Rennbahn ruhiger Galopp und für ca. 400m Tempo beschleunigen
Sonntag	Freispringen oder Longe

Beispiel für einen Wochenplan - Turnierpause 1x tägl. Training	
Montag	Lösende Dressurarbeit
Dienstag	Spazierenreiten
Mittwoch	Cavalettiarbeit oder Freispringen
Donnerstag	Spazierenreiten
Freitag	Lösende Dressurarbeit
Samstag	Rennbahn ruhiger Trab + Galopp, nicht bis an die Leistungsgrenze gehen
Sonntag	Longe

„Das Pferd im Blickpunkt der Wissenschaft“

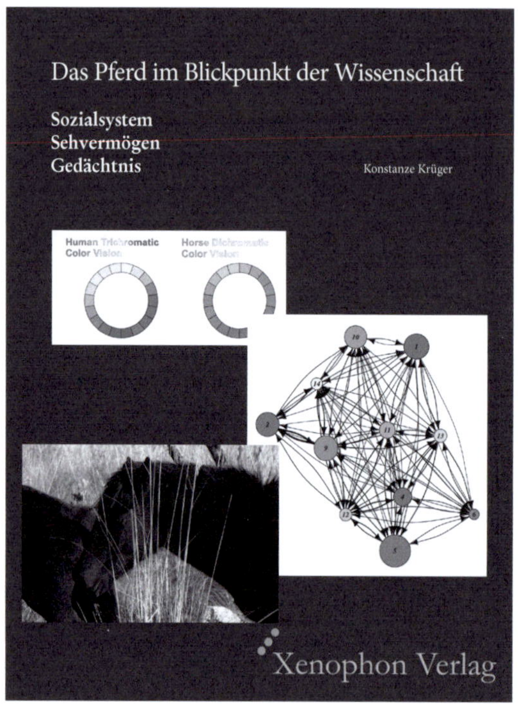

bereitet aktuelle Forschungsberichte verständlich und übersichtlich für den interessierten Leser auf. Es erörtert die Relevanz der Forschung für die praktische Anwendung und bietet gezielte, praktische Tipps.

ISBN: 9783980813426

Diese Ausgabe beschäftigt sich mit dem Sozialleben und verschiedenen sensorischen sowie geistigen Fähigkeiten der Pferde. Die Lektüre der Kapitel hilft Ihnen Ihr Pferd besser zu verstehen, seine Reaktionen einzuschätzen und „Problemchen“ im täglichen Miteinander zwischen Mensch und Pferd, sowie in der Haltung Ihres Schützlings zu vermeiden.

Die Autorin dieser Ausgabe, Konstanze Krüger, arbeitet am Lehrstuhl für Zoologie der Universität Regensburg. Sie hat sich auf die Erforschung der geistigen Fähigkeiten und insbesondere auf die Erforschung des sozialen Lernens der Pferde voneinander spezialisiert, und steht im regen Kontakt mit den führenden Forschern des Fachgebietes weltweit.